红色将帅
伏龙芝军事学院

王子安◎主编

汕头大学出版社

图书在版编目（CIP）数据

红色将帅宫——伏龙芝军事学院 / 王子安主编. --汕头：汕头大学出版社，2012.4（2024.1重印）
ISBN 978-7-5658-0718-3

Ⅰ. ①红… Ⅱ. ①王… Ⅲ. ①伏龙芝军事学院－概况 Ⅳ. ①E512.3

中国版本图书馆CIP数据核字(2012)第066420号

红色将帅宫——伏龙芝军事学院

主　　编：	王子安
责任编辑：	胡开祥
责任技编：	黄东生
封面设计：	君阅天下
出版发行：	汕头大学出版社
	广东省汕头市汕头大学内　邮编：515063
电　　话：	0754-82904613
印　　刷：	河北浩润印刷有限公司
开　　本：	710mm×1000mm　1/16
印　　张：	12
字　　数：	80千字
版　　次：	2012年4月第1版
印　　次：	2024年1月第2次印刷
定　　价：	55.00元

ISBN 978-7-5658-0718-3

版权所有，翻版必究
如发现印装质量问题，请与承印厂联系退换

目　录

历史回眸

学校雏建和历史变迁 …………………………………… 3
校名由来和美誉风范 …………………………………… 7

战将轶事

战神与列宁格勒战役 …………………………………… 13
炮兵主帅逞英豪 ………………………………………… 53
苦难英雄的战场雄风 …………………………………… 58
一将功成万骨枯 ………………………………………… 70

"反白"骨干

恰帕耶夫与国内战争 …………………………………… 77

人物春秋

伏龙芝的荣耀 …………………………………… 95
勇者无敌 ………………………………………… 102
传奇英雄传奇一生 ……………………………… 112
常胜元帅 ………………………………………… 126
罗特米斯特洛夫风范 …………………………… 148
苏联空军建设功臣 ……………………………… 154

军事天地

苏联军兵种主帅 ………………………………… 159
苏军军官编制及其战后安排 …………………… 171
苏联卫国战争胜利大阅兵概况 ………………… 180

历史回眸

学校雏建和历史变迁

俄罗斯伏龙芝军事学院始建于1918年12月8日，原称"工农红军军事学院"，旨在从工农中培养具有高等军事文化程度的指挥干部。它的建立与"十月革命"紧密相连。

1917年11月7日（俄历十月）俄罗斯爆发了著名的由布尔什维克领袖列宁领导的历史上著名的十月革命。11月7日下午，2万名赤卫队员和士兵包围了临时政府——冬宫。晚上在阿芙乐尔巡洋舰上起义成功的士兵开始炮轰冬宫。赤卫队员和士兵经过艰苦的拼杀于次日凌晨2点冬宫攻陷。这场武装起义，推翻了俄罗斯的资本主义政权——克伦斯基临时政府，建立了苏维埃政府和第一个社会主义国家。

列 宁

走进科学的殿堂

十月革命在国际上产生了重大的影响：俄罗斯退出了第一次世界大战，促使一战结束。十月革命是马克思主义关于工人阶级夺权理论的一次实践。俄罗斯十月革命使得马克思主义在许多国家得到传播。

冬　宫

"十月革命"成功后，"红色政权"面临着白俄反动力量的反扑和外国军事力量的干涉。由于当时的红军大部分指战员都是未受过军事训练的革命者，十分缺乏经过严格专业训练的军官。为了改变这种状况，最高统率部决定在莫斯科成立自己的革命军校，培养政治合格、军事过硬的苏维埃军事干部。就这样，工农红军军事学院成立了。

在这一时期，工农红军军事学院的毕业生成为了红军的骨干力量，表现十分出色，对肃清白俄反动势力和战胜外国干涉军起到了十分重要的作用，因此，伏龙芝军事学院被人们冠以"红军大脑"的美誉。

最初命名的工农红军军事学院于1925年以伏龙芝的名字命名为俄罗斯武装力量伏龙芝军事学院。1941年，学院迁往塔什干。1943年，伏龙芝军事学院从塔什干迁回莫斯科。

1992年，学院改名为俄罗斯伏龙芝军事学院，校址在莫斯科。苏联解体后，根据俄罗斯军队2000年军队改革计划，该院1998年与装甲兵军事学院和"射击"高级军官进修学校合并为俄联邦武装力量合成军队学院。

从20世纪60年代起，伏龙芝军事学院就建立了军队指挥自动化教研室，配备了大型电子计算机，并随着计算机技术的发展，配备了大量微机，为教学训练提供了良好的物质基础。

伏龙芝

到了20世纪70年代到80年代，伏龙芝军事学院重新进行了大规模的基础设施建设，为提高野外训练能力建立了训练中心和合同战斗训练场；为改善室内训练条件建造了新的教学大楼、教研室楼和实验室楼，楼内的各种专修室和实验室配备了有技术兵器和武器装备实物或模型、电动示教板和显示图，以及放映图表、底片、录像和电影短片的多路放映系统；为进行技术装备学习和军队指挥作业，修建了训练指挥

走进科学的殿堂

所，内有部队和兵团装备的指挥车模型和通信工具实物。此外，学院还修建了包括有比赛馆、练习馆、摔跤馆和举重馆等场馆的综合体育设施。学院的图书馆是俄军中最大的图书馆之一，平均每年新添图书20000余册。

历史回眸

校名由来和美誉风范

伏龙芝军事学院为苏联武装力量培养了大批军事人才，它的毕业生成为了苏联军队的中坚力量，在战争和和平年代中都起到了巨大的作用，因此，伏龙芝军事学院也成为世界上最有盛誉的著名军校之一。

1924年，工农红军总参学院由时任苏联革命军事委员会副主席和苏联红军总参谋长的伏龙芝出任院长。伏龙芝任校长期间，他不但改革了教学程序和组织结构、完善讲授方法、组织科研工作，而且在其他许多方面也进行了重大的改革，使学院焕然一新。

1925年10月，年仅40岁的伏龙芝校长与世长辞，苏联革命军事委员会为了纪念他，以他的名字命名了这所学院——伏龙芝军事学院。

伏龙芝军事学院于1931年开设了坦克和炮兵课程，1939年建立了防空系。1941年，学院迁往塔什干，开设了干部培训速成班。1943年，伏龙芝军事学院从塔什干迁回莫斯科后，重新开发了基本系，学制改为三年。1947年，学院恢复了研究生制度。

伏龙芝军事学院在不断的努力和创新中获得了巨大的荣誉。1943年，该学院荣获列宁勋章，1945年荣获苏沃洛夫勋章，1978年荣获十月革命勋章。该院还荣获了"伏龙芝红旗军事学院"的称号。这在苏联是绝无仅有的。

今日塔什干一景

伏龙芝军事学院一直感谢伏龙芝校长为学院建设和发展作出的贡献，后来一系列成就的取得，都是深受伏龙芝校长高尚人格和杰出管理才能的影响而取得的，学院秉承过去的辉煌，进行着探索和更加辉煌的创造，取得了举世瞩目的成绩，成为伏龙芝军事学院永远的幸事和骄傲。

伏龙芝军事学院作为一所军事院校有它值得骄傲和自豪的资本，在世界上享有很高的声誉。在20世纪80年代，伏龙芝军事学院的著名将领很多，有前苏联元帅朱可夫、崔可夫、格列奇科、沃罗诺夫、比留佐夫等均是享誉世界的著名军事家。合成军队学院与我军的关系也很密切，我军著名的刘伯承元帅、八路军副总参谋长左权将军、原空军司令员刘亚楼上将等都曾到伏龙芝学院留学深造。从1997年起，我军逐步扩大与俄军的军事交流，逐年向该院选派军事留学生。伏龙芝正大踏步迈向国际化。

在1936年以前，伏龙芝军事学院是苏联红军唯一一所培养军队高、中级指挥和参谋人才的高等军事院校。当红军总参军事学院成立后，它才改为只培养中级指挥和参谋人员。尽管如此，它一直招收的是苏联陆军中受过高等军事教育的营级以上军官，然后将它的毕业生输送到部队担任师、团级指挥岗位和参谋职务。在前苏联时期，伏龙芝军事学院被称为苏军指挥军官的摇篮，为社会主义苏联培养了数以万计的军官，为苏联的建设和国防作出巨大的贡献。

左权雕像

无论过去和现在，伏龙芝军事学院都是前苏军和今俄军的军事科学研究中心之一，主要担负合同战斗和集团军战役研究任务。因此，它的影响力不仅是部队指挥官方面，更主要的是它的军事思维影响力方面。一方面，它通过大量的对抗性教学，使学员在具备相当军事素质的基础上，进一步提高了指挥方面的素质；另一方面，它的科研环境和教员的

走进科学的殿堂

理论素质对学员的影响是潜移默化的,使他们在"伏龙芝学院"军事思维的指引下,终生受益,取得辉煌。

我国的学员到伏龙芝军事学院后,惊奇的发现俄军中的许多第一线的军长都愿意到这儿任教当教员,可见这里的"影响力"和"受益力"。

历史回眸

战将轶事

战神与列宁格勒战役

1945年5月8日午夜，德军最高统帅部代表凯特尔元帅在柏林近郊的卡尔斯霍斯特签署了无条件投降书，代表苏联最高统帅部接受德国投降的是朱可夫元帅。第二次世界大战期间，在叱咤风云的各国将帅之中，给希特勒的第三帝国最沉重打击的人——格奥尔基·朱可夫，在西方最鲜为人知。二战中授衔的苏联元帅中，朱可夫也是年纪最轻、声誉最高的一位。他作为最高统帅斯大林的第一副手，参与或直接指挥了苏德战场的几乎所有决定性战役，为赢得战争胜利建立了卓越功勋。

苏联将领朱可夫元帅是原苏联历史上一位重要的军事活动家、卓越的战略家，他在第二次

凯特尔元帅

世界大战中作出的杰出贡献，使他名垂青史，成为前苏联人民心中的英雄。朱可夫在伏龙芝军事学院的学习和深造，对他的军事谋略和战争理论能力都在很大程度上有所提升，为参加和指挥战争取得胜利起到了重要的作用。

朱可夫的全名为格奥尔基·康斯坦丁诺维奇·朱可夫（1896.12.1—1947.6.18），苏联军事家，苏联元帅。被认为是第二次世界大战中最优秀的将领之一，也是仅有的四次荣膺苏联英雄荣誉称号的两人之一，另一人是对勋章有执着狂的苏共领导人勃列日涅夫。朱可夫是一个值得人们纪念的民族英雄。朱可夫于公元1896年12月2日出生在莫斯科西南卡卢加省的斯特列尔科夫卡村。他的父亲康斯坦丁·安德烈耶维奇是个穷鞋匠，由于家里太穷，朱可夫的母亲不得不另外找些活干。他还有一个姐姐。全家四口只有一间房屋，生活十分艰苦。每年春夏和早秋季节，他的母亲在地里拼命干活。晚秋，他的母亲就到县城马洛亚罗斯拉维茨，替人把食品杂货运送到乌戈德厂村的商人那里。运一趟能挣一个卢布到一个

朱可夫

卢布零二十戈比。这么微薄的工资，还要再扣除马料钱、店钱、饭钱、修鞋钱等等，最终剩不下几个钱了。

在朱可夫满5岁、姐姐7岁那年，他的妈妈又生了一个男孩，叫阿列克谢，但没有活多久，不到1岁就死了。那一年，朱可夫一家又遭到另一场灾难。屋顶因朽坏而坍塌了，不得不搬家。

朱可夫在韦利奇科沃村（邻村）的一所教会小学念了7年书，学习成绩优异，他还光荣地上过荣誉名册。如果想要再继续求学，他家里无能为力，于是11岁毕业后，朱可夫的父亲便带他到莫斯科学艺。他还在皮货商的舅舅皮利欣那里当过学徒。到10多岁时，朱可夫的手艺已经学成了。虽然工作很累，但是他还坚持自学，夜间凑近厕所里的暗淡的电灯作功课。1913年，他参加市立中学全部课程考试，取得了合格的成绩。

乌克兰风光

走进科学的殿堂

1915年8月7日，19岁的朱可夫在马洛亚罗斯拉维茨应征入伍了。他被选进骑兵部队，他对此感到高兴，因为他一向很喜欢这一富有浪漫主义色彩的兵种。朱可夫被送到卡卢加，编进预备骑兵第5团的预备步兵第189营。1915年9月，他随同这个团调到乌克兰，该团被编入著名的骑兵第10师。1916年春季，他所在的部队已经成为训练有素的部队了。这时候，有30名骑兵被选送去培养当军士，朱可夫也被选上了。1916年8月初，训练结束，他又回到骑兵第10师，这时该师已调到哈尔科夫附近。

哈尔科夫一景

朱可夫的团队的番号是诺夫哥罗德龙骑兵第10团。部队到达文尼察西南的卡格涅次波多尔斯克，开始接收马匹时，遭到敌机空袭。敌机

丢了几颗小炸弹，炸死了1名士兵，炸伤了5匹马。这是朱可夫的第一次战斗洗礼。

1916年10月，朱可夫遭遇了一次地雷爆炸，被从马上掀下来摔成脑震荡，因而被送回哈尔科夫治疗。出院以后，他仍感到不适，听力很不好。这一次，他没有回前线，医务委员会派他去担任部队训练工作。这时候，他已经获得了两枚乔治十字勋章，一枚是因为受伤得的，一枚是因为俘虏一名德国军官获得的。朱可夫为此感到无比的自豪。

1917年11月30日，朱可夫回到莫斯科，这时布尔什维克夺取政权已经好几个星期了；同年的12月和1918年的1月，朱可夫在乡下同父母在一起。1918年2月，朱可夫决定参加赤卫队。但因患严重的斑疹伤寒而未能如愿。直到8月，他才到莫斯科第1师第4团报到。1919年9月，红军和白军在察里津附近展开激战。朱可夫的左腿和左肋被手榴弹的弹片炸伤，被送进医院。出院后不久，朱可夫被任命为正式军官，派到莫斯科受训。

莫斯科一景

在莫斯科，朱可夫的情感得到了一次磨练。他得知原来的女友玛利娅已经与别人结婚，感情受到很大的打击。他竭力抑制自己内心的痛苦，潜心研究军事。几年后，朱可夫28岁时与亚列克山德拉结为伴侣，婚后他们生有两个女儿。

国内战争结束后，朱可夫先后任骑兵连长、团长、旅长、师长、军长以及军区副司令等职。他的勇敢精神和指挥才能受到了布琼尼、伏罗希洛夫和伏龙芝的重视，也受到了斯大林的注意，他的才华最后终于得到了施展的机会。

在担任骑兵团长的时候，朱可夫就主张建立坦克兵团，反对按传统的办法将坦克分散配属给步兵，以发挥快速突击的作用。苏军组建第一批坦克部队时，总参谋部要选拔两名杰出的骑兵团长担任坦克团团长。斯大林确定的最后人选是：朱可夫和帕伏洛夫。

朱可夫以极大的热情和上进心投入工作，以罕见的耐心和克制态度去做那些看来是细小的事情，并以讲究方法和深思熟虑的态度要求别人完成任务。朱可夫采取的原则是："如果你不会干，我可以教给你，如果你不想干，我就要迫使你干"。时间不长，他就把这支使用新式武器的部队

斯大林

治理得井井有条。上级每次组织军事演习，朱可夫团的成绩都名列前茅。这不仅进一步引起高级军事领导人的注意，而且在全军中也逐渐有了名气。

1937 年到 1938 年间，斯大林对军队中的所谓政敌及其支持者进行了无情的打击，许多师长、军长、集团军司令乃至元帅，都遭到了清洗。朱可夫不仅没有受到任何伤害，反而得到了提拔。令人惊奇。

朱可夫担任白俄罗斯军区副司令职务时，随同一个苏联军事使团到中国观察日本人的战略战术，并担任了驻华军事顾问。随后，苏方派出 1000 多名军事顾问、飞行员，支援中国的抗日战争。1939 年春，朱可夫接到通知，要他立即离华回国接受新的任务。不久，他被派往蒙古，任驻蒙苏军第一集团军群司令员，以加强苏联在远东对日本的防务。这时，苏、蒙军队和日本关东军正在进行哈勒哈河战役。朱可夫到任后，立即调整了作战部署，并亲临前线指挥，从而取得围歼日军重兵集团的胜利，他本人荣膺苏联英雄称号。

再次回忆 1941 年的列宁格勒战役，成为朱可夫终生难忘的人生历程，也是他声名显赫的一次重要起始标志。

1941 年，45 岁的朱可夫出任苏联国防人民委员部人民委员兼苏军总参谋长。1941 年 7 月，希特勒下了决心：必须把列宁格勒和莫斯科夷为平地，使之变成无居民城市。他说："这样，我们就不必在整个冬天为居民提供粮食了。"这位"元首"明确指出，这一种族灭绝行动预定由德国空军来执行。"这场民族大灾难……不仅将使布尔什维主义，而且也将使俄国民族主义失去它们的中心"。一场战争在所难免的即将爆发。

走进科学的殿堂

列宁格勒是彼得大帝1703年作为俄国"通向西方的窗口"而建造起来的。从那时起,200多年来它一直是疆域广大的俄罗斯帝国的首都。1917年11月,正是在列宁格勒(当时叫彼得堡)。布尔什维克们从临时政府手中夺取了政权。第二次世界大战爆发的时候,列宁格勒拥有300多万人口,作为苏联第二大城市,不但是最重要的海港,而且是一个主要的工业和文化中心。

1941年7月初,西北方向(包括列宁格勒在内)交给斯大林的老朋友、能力较差的伏罗希洛夫指挥。日丹诺夫担任军事委员会委员,扎哈罗夫少将则被任命为西北方向的参谋长。德军于

彼得大帝像

6月发动突然进攻以后,不断向这个俄国以前的首都推进,在夏季快要结束的时候,列宁格勒的前途越来越严峻了。到7月初,西北方面军原有的30个师只剩下5个满员的装备齐全的师了,其余各师严重减员,只剩下10%到30%的兵力。到8月20日,德军已绕过卢加河防线,推进到赤卫队城(加契纳)周边地区。在赤卫队城和列宁格勒之间仅仅部署着为数不多的编制不全的红军部队,形势对俄国很不利,情况十分危急。当天,伏罗希洛夫和日丹诺夫不得不向西北方面军部队发出紧急呼吁:"列宁格勒在危险中,野蛮的法西斯军队正向我们光荣的城市无

战将轶事

20

产阶级革命的摇篮推进……我们的神圣职责就是在列宁格勒的大门前用我们的胸膛挡住敌人的去路。"8月21日,德军的几个师推进到离城市更近的地方。德军第一军完好无损地夺占了楚多沃的铁路桥和公路桥,切断了通往莫斯科的"十月铁路"。8天之后,德军又攻占了托斯诺,向穆加车站、亚米若拉和伊万诺夫斯科耶挺进经过激烈战斗,德军占领了穆加这个重要铁路交叉点,于是列宁格截图勒同俄国其他地区的最后

受困中的列宁格勒

一条铁路线被切断了。这时,德军第16集团军开始从东面包围列宁格勒,沿着涅瓦河左岸向拉多加湖方向推进。甚至在一些狭窄的地段,也投入了大批飞机,试图冲破防线。空袭之后,德军指挥部以强大的装甲部队投入夺取施吕塞尔堡(彼得要塞)的战斗,到9月8日,苏军第1师被切成两段。当德军进抵拉多加湖南岸,占领施吕塞尔堡以后,陆上

封锁宣告完成。接着他们开始收紧对列宁格勒的巨大的钳形包围，炮击市区、派出一批又一批轰炸机，企图粉碎俄军的抵抗。

在这个关键时刻，伏罗希洛夫完全慌了手脚。于是斯大林解除了他担任的列宁格勒方面军司令员职务，把他调到国防委员会。于是朱可夫大将被指派去接替伏罗希洛夫，再次成为受命前去稳定东部战场每一危险地段的"消防队员"。9月13日晨，一架ⅡN-2型飞机在战斗机护航下，从莫斯科的伏努科沃机场起飞。

飞机上坐的是朱可夫和由他亲自挑选的3名军官：霍律、科科佩夫和费久宁斯基。他们在途中便着手拟订初步计划。在哈勒欣河战役中曾在朱可夫手下任职的费久宁斯基被任命为方面军副司令员。在列宁格勒

斯莫尔尼宫

着陆后，他们一行4人立即前往设在斯莫尔尼宫的方面军司令部。

从9月13日抵达列宁格勒，直到10月7日又被调往另一危险地区为止，朱可夫一直日以继夜地紧张工作。领导在这座被围的城市周围修筑新的防御工事。制定突破德军封锁的详细计划。作为方面军司令员，他还使陷入困境的红军部队重新恢复了信心，鼓舞他们挡住了德军新的猛烈进攻。亚历山大·沃思这位杰出的、雄辩的观察家，曾亲眼目睹俄国战时的种种情形，他证实朱可夫所进行的坚韧不拔的活动，明确指出他确实是在生死关头保卫列宁格勒的组织者。

若干年后，朱可夫在对列宁格勒布尔什维克工厂的工人们发表演说时也确认说，他是"在德军突破到普尔科沃高地，零星的德军坦克冲进肉类联合加工厂的最困难、最关键的时刻"指挥列宁格勒方面军的。斯大林授权朱可夫采取一切必要的步骤来恢复列宁格勒的防御，而不必顾忌在这一过程中可能伤害任何人的感情。朱可夫毫不留情地执行了他的任务，使得他的一些下级内心颇为惶恐不安。首先体验到朱可夫的毫不客气的态度的，就是伏罗希洛夫本人。作为移交指挥权的手续之一，朱可夫同伏罗希洛夫一起签署了敌情要图和作战地图，然后他俩一起来到电报机旁。同最高统帅部的交谈是十分简短的。在莫斯科，在线路的另一端接谈的是华西列夫斯基将军。朱可夫发出一份简单扼要的报告："我已接管了指挥权。请报告最高统帅斯大林，我打算比我的前任更积极地进行工作。"伏罗希洛夫没有同最高统帅部通话，而是很快地离开了房间。当晚，他和他的班子的大部分成员就动身飞往莫斯科了。

可以想象，是朱可夫坚持要撤换旧部关键性的人员的，因为他宁愿自己周围有一批他知道确实是精明强干的人。第二天，朱可夫开始派人把那些没有跟伏罗希洛夫一起回莫斯科的参谋行政人员一个个找来。贝切夫斯基是被留任的军官之一，他永远忘不了当时他向朱可夫作自我介绍的情形。

贝切夫斯基同朱可夫的首次见面有些不可思议。

莫斯科一景

听了贝切夫斯基的自我介绍以后。朱可夫用一种冷淡的、令人不安的眼光望了几秒钟，然后突然用"你"这个称呼厉声问道："你是什么人？"

贝切夫斯基不理解朱可夫的问话，于是再一次报告说："方面军工兵主任贝切夫斯基上校。"

"我问你是什么人？你从哪儿调来的？"听朱可夫的声音，显然是生气了。朱可夫那张大双下巴颏向前伸了一下。他那不高的、但却粗壮结实的身子，在桌子上面向前探着。

"您真的是要求我报告履历吗？在这种时候，谁要听这个呢？"贝切夫斯基这样想着，没考虑到这位司令员原来以为是别的什么人担任这个职务的。贝切夫斯基惶惑不安地报告说："我曾经担任过军区工兵主任，后来又担任方面军工兵主任，至今差不多已经一年半了。而在苏芬战争期间，我担任过卡累利阿地峡第13集团军的工兵主任。"

"纳扎罗夫将军在哪儿，我已经派人去找他了。"

"纳扎罗夫在西北方向总司令部工作，负责协调两个方面军之间有

今日涅瓦河沿岸一景

关工兵方面的事宜，贝切夫斯基解释说，他昨晚同元帅一起乘飞机走了。"

"协调……乘飞机走了，"朱可夫重复了一句，"嗯，让他见鬼去吧！你有什么要谈的，说吧！"

走进科学的殿堂

贝切夫斯基打开他的地图,向朱可夫说明了在德军突破红村、赤卫队城以及卡尔平诺以前做了哪些事情。他指出了普尔科沃阵地工程和在市内、在涅瓦河沿岸、在卡累利阿地峡所做的准备工作。接着,他叙述了一些敷雷小组和浮桥工兵部队目前正在执行的任务。

朱可夫专心听着,没有问任何问题。然后他不知有意或无意地急速挥动了一下手臂。以致一些纸页从桌子上掉下来,散落到地板上。他转过身去,一声不响地开始察看挂在墙上的一张大幅的城防要图。"把坦克部署在彼得罗斯拉维扬卡地区做什么?"

贝切夫斯基正在整理掉在地上的一套地图,朱可夫瞥了他一眼,突然问道:"你们有什么事瞒着我吗,你过来,这儿有点儿不对头。"

"那是一些坦克模型,司令员同志。"贝切夫斯基指着地图上的一支假的坦克部队的标识说:"一共50辆,是马林斯基剧院道具车间制作的。德国人已经来轰炸过两次了。"

"两次!"朱可夫挖苦地说。"你们玩这种把戏玩了多久了?"

"两天。"

朱可夫不大高兴地对贝切夫斯基说,德国人很快就会看穿这个诡计,并开始向这些假坦克投掷木头炸弹的。他命令贝切夫斯基在第二天早晨以前再制作100个坦克模型,把它们配置在他在地图上指明的两个地点。但是贝切夫斯基回答说,车间一夜工夫造不出那么多模型。

朱可夫抬起头,上下打量了贝切夫斯基一番,说,"他们如果造不出来,我就拿你去审判。你们的政治委员是谁?"

"团级政治委员穆哈。"

"穆哈?你告诉穆哈,倘若你们不能执行命令,明天就一起到军事

法庭受审。我明天早晨要亲自去检查。"

贝切夫斯基说:"听见这突如其来的威胁,我就像挨了一颗鞭子。"贝切夫斯基觉得朱可夫是在故意地考验他的忍耐力。这位新来的方面军司令员显然对于他的前任的成绩感到失望。

朱可夫自言自语道:"他们在普尔科沃高地筑垒为什么动手这么晚?"朱可夫并未指望别人回答,接着便对贝切夫斯基说:"你可以走了。"

其他军官也都被召到朱可夫的司令部,而他们当中有不少人的遭遇并不比贝切夫斯基好些。朱可夫扬言要把他们当中的许多人交付军事法庭审判,有些人则立即被撤职。

芬兰湾风光

士气和军纪问题是必须立即解决的最紧要的问题。朱可夫来到前线，发现第8集团军中军纪显著恶化。有些师长没有接到命令就把部队撤出战斗，也有些军官常常酗酒，有的士兵听见枪声就逃跑。面对这样的情况，必须采取严厉措施。朱可夫和日丹诺夫发出警告说，对于渎职者，一律予以处决，之后便宣布以叛国或擅自撤退的罪名逮捕处决了若干名官兵，以儆效尤。

朱可夫接过指挥权时，战场形势的确是十分危急。由于施吕塞尔堡失守，列宁格勒同俄国其他地区的陆路交通均被切断。德军在12英里宽的一块地段上突破到拉多加湖沿岸，把被合围的列宁格勒方面军同正在穆加以东、在沃尔霍夫河一带竭力阻止德国装甲部队向列宁格勒东部推进的苏军部队分隔开来。苏军第8、第42、第55集团军正被迫缓慢地、但却不可避免地退往城郊的环形防线或退往芬兰湾。苏军南部战役集群，即卢加战役的残余部队，由于德军坦克第4集群推进到赤卫队城和施吕塞尔堡而被包抄和合围。结果一部被歼，一部且战且退，向东和东北方向突围。行动较慢的德军步兵集团军，即第16和第18集团军已逐渐靠近了先行的摩托化部队。这样，德军指挥部已经具备了近距离围攻列宁格勒的必要条件。

第二天的早晨，德军继续发起进攻，经过猛烈的激战之后，俄守军被推到杜德尔戈夫高地。在西面，这村被攻破；在南面，赤卫队城陷落，尽管德军发动了此次战役中规模最大的空袭，但是，以科尔平带为目标，向东北方向朝着普希金和斯卢次克的推进，在很大程度上已经被遏止。此后整整3天，守军继续进行顽强抵抗，但渐渐不支，9月14日，德军进抵普尔科沃高地。在普尔科沃高地，堑坡和火力点已经修筑完毕,预定由民兵第5师占据阵地。可是,这时位于戈烈洛沃车站地区的普尔科沃右翼阵地,于9月13日落入德军手中,而第5师的两个团不得不在那里投入战斗。民兵们冲进了车站,企图在车站固守。可是,当天下午,他们遭到了德军机械化第41军的步兵师和坦克师的进攻,戈烈洛沃车站再度落入敌手。1小时以后,苏军这个师发动反击,又夺回了戈烈洛沃。当晚,苏军第42集团军司令员伊万诺夫中将由于担心普尔科沃的安全,带领一个团从被围的戈烈洛沃车站奔赴鲁尔科沃高地,只留下一个团驻守戈烈洛天。该团团长克拉斯诺维多夫受伤,由政治委员斯米尔诺夫(原维堡区区委书记)代理团长。9月14日晨,争夺戈烈洛沃的战斗再次打响,而且战斗更加激烈了。政委两次率部队反击,但到傍晚,德军坦克第3次夺占了这个车站。朱可夫命令内务人民委员部的一个团派部队去恢复态势。

列宁格勒南面的筑垒地带这时大多都被突破。冲在最前边的德军装甲部队已进抵离城市不到7英里的地方。9月15日,尽管苏军进行了猛烈的防御战(特别是在乌里次克,它在一天之内曾数次易手),但德军第18集团军还是在斯特烈尔纳和乌里次克之间突破到芬兰湾,把苏军第8集团军同列宁格勒隔开了。这一天是战斗极为激烈的一天,德军感到苏军的抵抗变得更加猛烈了。

朱可夫精心拟定出一项加强该城防御的计划,以便阻挡德军突击集团在乌里次克和列宁格勒方向上继续进攻。他当前的目标是使用空军和炮火突击打击德军,以阻止他们突破苏军防御;在9月18日以前,组建5个步兵旅和2个步兵师,为列宁格勒的近距离防御的四条防线配备兵力;使用第8集团军突击德军的侧翼和后方,并解放穆加和施吕塞尔堡。这项计划要求动员这个地区的一切人力物力，包括他的方面军的部队、列宁格勒市民以及苏联海军，来加强预备队，扩大防御纵深。在第42集团军的防区，朱可夫计划建立起能够阻止德军通过发动强攻来夺取列宁格勒的一道防线。他非常倚重海岸炮兵和波罗的海海军舰只的火力，因为随着战线缩小和越来越靠近海洋，它们将能在作战的时候发挥更大的威力。

在德军重新向第42集团军发动进攻的时候，朱可夫派他的副手费久宁斯基将军前往该集团军司令部。司令部离前线非常近，子弹在头顶上呼啸。一走进掩蔽部，费久宁斯基发现集团军司令员用两只胳膊支着头，一副疲惫不堪和一筹莫展的样子。

波罗的海

费久宁斯基问伊万诺夫将军他的部队部署在哪儿。

"我不知道，"伊万诺夫回答道，"我什么都不知道。"

"那么你同你的部队有联系吗？"费久宁斯基问。

"没有联系。今天的战斗打得很艰苦。在一些地段不得不向后退却。通讯线路都被破坏了。"伊万诺夫几乎是心不在焉地回答说。

费久宁斯基向朱可夫报告了情况，得到的命令是要他亲自接管这个损失惨重的第42集团军的指挥权。

9月16日，朱可夫为了防止德军从乌里次克向列宁格勒实施突破，向那里派去了一个新组建的内务人民委员部步兵师、1个民兵师和2个

涅瓦河风光

由水兵们和列宁格勒各防空部队的人员组成的步兵旅，以加强第42集团军。这些部队进入了这座城市的筑垒防线的外围防御阵地。这条筑垒

走进科学的殿堂

防线从芬兰湾沿岸经利戈沃、肉类联合加工厂、雷巴次科耶，一直到涅瓦河。朱可夫命令各部队未经方面军司令部特别批准，不得从这条防线后撤。就这样，他建立起一支强大的第二梯队，建立了有效的纵深防御。

朱可夫下达这些命令时方面军司令部里一片紧张忙碌的情形。在这种紧张的气氛下。朱可夫同方面军工兵主任贝切夫斯基谈话时，脸上露出了怒容，因为朱可夫派人去找他，但却没有找到。

后来贝切夫斯基回忆说：我走进办公室，浑身湿漉漉的，沾满泥水。朱可夫和日丹诺夫正站在那里俯身看一张地图。司令员扭歪着脸朝我这边看了一眼。

"你到底还是露面啦！你到哪儿逛荡去了，害得我们找了你一夜！我猜想你大概睡得很香吧……"

贝切夫斯基回答到："我去执行你的命令去了，检查了环城公路沿线的防线和反坦克防御。"

"唔，怎么样？修好了吗？"

"70个防坦克火炮发射阵地已经修筑完毕。壕沟已经挖好。设置障碍物和布雷区的作业也已完成。"

"第42集团军司令员了解这

战将轶事

斯莫尔尼宫

条防线的情形吗?"朱可夫问。

"今天下午,我把这条防线的透明图送给了集团军参谋长别烈津斯基将军。费久宁斯基将军本人去视察部队去了。"

贝切夫斯基觉得他的报告是明了的,可是朱可夫却用拳头砸了一下桌子。"没问你把透明图交给了哪个人。我关心的是另一码事儿:你知道集团军司令员是否了解这条防线的情形?你懂俄国话吗?"

当贝切夫斯基向朱可夫报告说费久宁斯基正在外面接待室里等着的时候,这位方面军司令大发雷霆。

"你讲话经过大脑思考没有?……不用你说。我也知道他来了……倘若安东诺夫的师今天夜间不能占据环城公路的防御,德国人就会冲进城里来,这个你明白吗,那时候,我就把你拉到斯莫尔尼宫前面,像枪毙叛徒那样毙了你。"

日丹诺夫作了个鬼脸儿。他显然不赞成司令员用这种语调讲话。日丹诺夫想缓和一下朱可夫的粗暴情绪,便对贝切夫斯基说:"贝切夫斯基同志,你可能没想到该到哪儿去找费久宁斯基。他刚刚接管了这个集团军。而预定要占领新防线的安东诺夫的师,实际上也只是最近才编成的。如果白天德军发现这个师进入新防线,他们就会去轰炸。现在你明白问题在哪儿了吗?"

显然,贝切夫斯基当时一直懵懵懂幢,听了这番话才明白他们为什么要把自己找来。必须保证在清晨以前迅速地把民兵第 6 师带进我们修筑的新防线。其实,在这之前,贝切夫斯基根本不知道方面军司令员当天下达的这道命令。

贝切夫斯基报告说:"司令员同志,请允许我马上就去同集团军司

令员一起把部队带进已经修好的防线。"

"你到底明白过来了……"朱可夫说道："快把部队带过去，你要记住，倘若到上午9点不把这个师部署好，我就枪毙你。"

贝切夫斯基离开朱可夫的办公室，清晨以前，第6师进入了阵地，一切顺利。

德军突破到芬兰湾，这里距离列宁格勒更近了，严重地威胁着这座城市。他们离市郊不到4英里，距离规模很大的基洛夫工厂不到3英里。9月16日，激战依然在继续，斯卢次克和普希金落入德军手中。列宁格勒市内一条有轨电车线的终点站亚历山大罗夫卡也于9月17日被德军占领。同一天，德军部分装甲部队和摩托化部队开始调往中央集团军群。这时德军似乎差不多已经胜利在望了。

受困中的列宁格勒

当德军接近沃洛达尔斯克和乌里次克时,朱可夫发现他们的左翼拉得太长。于是他决定使用第8集团军的部队进行反击,并迅速把第10、第11、第125和第168步兵师以及民兵第3师集结起来。通过在内部调整部署,他建立起一支突击力量,同时重新编成了自己的预备队。

9月17日,德军6个师在北方集团军群空军联队支援下,企图从南面向列宁格勒突破。朱可夫命令继续进行反击,指示第8集团军司令员收复沃洛达尔斯克居民点,并向红村方向突击。第55集团军则受命把德军从斯卢次克和普希金公园赶回去。第42集团军则要扩大它在乌里次克地区的战果,同时守住靠近天文台的普尔科沃阵地的中段。

然而,第42集团军未能守住马里次克,9月18日傍晚,该镇再次为德军所占领。双方继续进行着极其残酷的战斗。至9月23日,只派遣了20辆坦克向德军普尔科沃方向进攻,可以明显看出其突击力量大大地减弱了,因为只有20辆坦克参加进攻。第42集团军成功地打退了敌人的继续进攻。这样,9月下旬德军企图通过乌里次克或普尔科沃高地到达列宁格勒的计划终于破产了。第42集团军在利戈沃、下科伊罗沃和普尔科沃一线巩固下来了。

德军进攻兵力至此已消耗大半,并且由于从列宁格勒地区调走了一些部队而进一步被削弱。虽说较大规模战斗一直持续到9月25日,但由于苏军进行了强有力的反击,德军的战果非常有限。实际上,德军北方集团军群靠它掌握的兵力再也无法继续向前推进了,因而不得不在整个战线上转入防御状态。

在德军的攻势开始失去势头的时候,朱可夫把一些新的师、旅和营(这些部队是由水兵、防空部队、内卫部队和预备役人员仓促编成的)

投入到赤卫队城和斯卢次克科尔平诺筑垒地域。他还从战线上不那么紧张的地段抽出一些部队，部署到遭到威胁的地段，以巩固并加强第一梯队进而建立起纵深防御。

列宁格勒方面军在据守这个沿海桥头堡的战斗中，以及在打退德军对红村、乌里次克、普尔科沃高地和科尔平诺地区的进攻的过程中，都得到了波罗的海红旗舰队的巨大支援。舰队航空兵同列宁格勒方面军空军配合行动，在战场上，在德军集结地域，对德军进行轰炸，并对付德军的空袭以保护苏军部队。靠近芬兰湾的前线各防御地段，得到海岸炮和舰炮的支援，这些大炮参加了对敌炮兵作战，参加了炮火反准备，以及从其他方面支援第 8 和第 42 集团军的作战。在赤卫队城筑垒地域和沿海桥头堡，使用了舰炮，从而弥补了机动炮兵的不足。

芬兰湾

但是，德军指挥部没有放松它对列宁格勒的压力，在城市周围的某些地段，红军仍遭受了一些挫折。苏军第54集团军和涅瓦河战役集群从9月10日至26日发动的攻势作战未能获胜。

8月和9月间，苏军在列宁格勒西南接近地上的防御作战持续了50天。他们的抵抗打乱了德军从南北两个方向进行正面突击以夺取列宁格勒的计划。到9月底，朱可夫和他的部队稳住了列宁格勒南部接近地的战线。直到1943年1月，朱可夫再次回到列宁格勒组织突破封锁时，这条战线基本上没有什么变化。直到那时为止，卡累利阿地峡和斯维尔河上的战线也一直是稳定的。

虽说红军把德军阻挡在列宁格勒郊外，但这座城市及其保卫者们的命运仍旧前途未卜。武力占领的企图失败后，德军指挥部决定进行封锁，让列宁格勒人挨饿，然后再摧毁该城。

在朱可夫负责保卫列宁格勒的那段期间，希特勒作出了决定：如（对方）投降，将不予接受。这是对他早些时候作出的必须把这座城市"从地球表面抹掉"的决定的具体化。9月22日，德国海军司令部发布了"关于彼得堡市的前途"的秘密指令。指令说，"元首"已经决定通过封锁、连续空袭和炮击，把列宁格勒夷为

希特勒

平地，如对方要求投降，将予以拒绝。

德军千方百计地把这一计划付诸实施，他们从陆地封锁这座城市，连续不断地对它进行炮击和空中轰炸。9月份，德军进行了23次大规模空袭，而且大多都是在白天进行的。第一次是在9月8日，然而9月19日和27日的轰炸更为猛烈，分别出动了180架和200架飞机。从9月20日到23日，德军指挥部共出动400架轰炸机进行大规模的空袭，其目标是要摧毁喀琅施塔得要塞，消灭驻扎在那里的波罗的海红旗舰队的主力。

拉多加湖

这些空袭未能实现其目标，但列宁格勒的保卫者们却面临着极其困难的局面。为这座城市输送给养的唯一动脉经由拉多加湖的交通线，由于处在德军连续不断的炮火和空中轰炸之下，只能部分满足被围部队和居民们的需要。

朱可夫付出很大精力来拟订列宁格勒外围防御准备工程的详细计划，并监督计划的实施。方面军的部队和列宁格勒及其周围地区的居民们，得以在该城南部、东南部、北部接近地上建立起周密的防区。它包括主要防御地带、次要防御地带以及一系列堑壕阵地和筑垒地域。在第23、第42、第55集团军和涅瓦河院役集群负责防御的地段，以及最靠近城市的地区，都修筑了大量工事，这些工事对于保卫列宁格勒具有极其重大的意义。

俄国人以他们独特的方式记录了详尽的统计数字，而他们的军事史学家们似乎很乐意列举这些数字。在列宁格勒周围以及市内，一共挖了93英里防坦克壕、崖壁和断崖；设置了125英里铁丝网；挖了7179条步兵班堑壕和389英里交通壕；修建了140座钢制的和混凝土石块砌成的炮兵掩体；建立了487个装甲火力点；修筑了1500个防坦克障碍物和"菱形拒马"（用钢轨焊成），以及1395个土木火力点；在建筑物内部，修了809个火力点；设置了1089个指挥所、观察哨和地下掩蔽部，以及许多其他防御设施。平均每天约有45000人在修筑防御工事。大量的工作是由妇女们完成的，她们跟自己的孩子和老人们一样，每天都在忍饥挨饿。从10月1日开始，每个工人只配给14盎司面包；而儿童、残废者以及文职人员只配给7盎司面包。这些妇女们所作出的牺牲，也许除了身临其境的人以外，别人是无法深切地体会到的。

费久宁斯基将军举出了一件既令人感动又叫人哭笑不得的事例。有一天他去视察俄国妇女们挖的工事。他写道"车子开到一排新挖的堑壕

旁,我走下汽车,我想让这些妇女们快活快活,就说;'你们挖得不错嘛,姑娘们,很好!'

"有一位妇女已经不很年轻了,她身穿一件磨得露出织纹的旧外套,脖子上就像农村妇女那样围了一块黑头巾。她直了直疲惫的身子,两手拄着她的铁锹,脸上毫无笑容地回答说:'我们挖得不惜,可是你们打得不好。你们让德国人一直打到列宁格勒城下啦。'"

费久宁斯基承认这位老妇说得对。"我能怎样回答她呢?"他企图改换话题,便问:"你的丈夫在哪儿?"

她回答说:"不知在哪个地方,跟你们在一起……往后退呗!"她喘了几口气,然后又抡起铁锹干活了。

经过朱可夫的部署和全体军民的努力,朱可夫把列宁格勒划分为6个防区。每个防区都修筑了若干坚固的阵地,以营防御区域为基础。大个防御地区内,共建立了99个营防御区域。朱可夫还强调必须在全城设置路障。并命令在路障前面挖掘防坦克壕。

防坦克阵地则分布在整个防御纵深内。到1941年11月,在第42集团军的防区内,已设置了41个防坦克阵地区域。为了

希特勒

确保坦克陷阱的效能，朱可夫配置了若干门防坦克炮担任掩护，其平均密度是每英里正面拥有34门炮。

列宁格勒的空防也得到了加强。国土防空军司令部把他在这个地区的防空部队的集中指挥权交给了方面军司令部。防空兵器配置在城市的近接近地上。一部分兵器群甚至部署在停泊于芬兰湾的驳船上。在这座被围城市的上空，还布置了阻塞气球，以阻挡德军轰炸机。

希特勒已经下令把空降兵调到列宁格勒。为了保卫城市不受空降兵的攻击，朱可夫组织了有效的对空降兵防御，它是由工人民兵小组、军事化的消防小组以及共青团支队组成的。

列宁格勒人还准备在市区内消灭德军部队。工厂、桥梁以及公共建筑物都敷设了地雷；万一德军冲进城来，就炸毁这些设施，把敌步兵和

受困中的列宁格勒

坦克困在里边。老百姓也准备展开巷战，并从住宅成建筑物里打击敌人。这样，由于朱可夫和他的司令部人员以及居民们自己进行了巨大的组织工作，使得这座城市实际上变成了一座坚不可摧的堡垒。在以后的许多年中，保卫列宁格勒的英雄事迹，仍然使来自各地的人们激动不已。

1966年，朱可夫在《军事史杂志》上发表了一篇文章，高度赞扬了列宁格勒的保卫者们。他写道：我们所有参加过9月列宁格勒保卫战的人，都曾不得不经历许多艰难困苦的日子。然而，我们的部队终于挫败了敌人的计划。靠着苏军战士们、水兵们、军士和军七长们的前所未有的不屈不挠和集体英雄主义精神，靠着各级指挥员和政治工作人员的坚韧不拔的精神，敌人在通往列宁格勒的道路上遇到了一条无法逾越的防线。到9月底，在我方面军所有地段上，战斗的紧张程度明显减弱，战线得到了很好的稳固。

在指挥列宁格勒的方面军期间，朱可夫作为最高统帅部成员，不断地收到总参谋部关于其他地区战局的报告，有许多消息是令人深感不安的。当然，他所负责的区域，到9月的第3周时已经基本稳定下来。德军的进攻力量由于遇到顽强的防御而衰竭，轴心国部队被迫挖掘工事来据守包围圈。

1941年9月17日，德军撤走部分摩托化和装甲部队的举动，对于这座城市得以保全究竟起了多大作用，人们只能去猜测。然而，在这场列宁格勒战役中，俄军取得了最终的胜利。朱可夫更是功不可没。

哪里有危机，朱可夫就会出现在哪里。

1941年9月30日，德军动用180多万兵力，1700辆坦克和1390

架飞机，对莫斯科发起了总攻。10月6日，朱可夫被任命为西方方面军司令员，担负着抗击德军主力军团，保卫莫斯科的重大使命。经过激

莫斯科一景

烈交战，红军不仅挫败了德军占领莫斯科的战役企图，而且使整个苏德战场的战略态势发生了根本性的转变。在这次举世闻名的战役中，朱可夫作为拯救莫斯科的英雄而名声大噪。

朱可夫处在列宁格勒这个有利的地位，收到了关于双方都在通往俄国首都的接近地上进行疯狂准备的消息。当时保卫莫斯科的有苏军的三个方面军：西方方面军、预备队方面军和勃良斯克方面军。9月底，这三个方面军总共约有80军队、770辆坦克和9150门多人操作的火炮，其中不包括补充部队和后方勤务部队。德军中央集团军群有100多万人、1700辆（门）坦克和突击炮、19000门火炮和追击炮。德军地面部

队得到阿尔贝特·凯塞林元帅指挥的强大的第2航空群的支援。

德军这次代号为"台风"的攻势在10月初取得了很大进展。西方方面军的第19和第30集团军以及预备队方面军的第43集团军遭到德军从杜霍夫施纳以北和罗斯拉夫尔以东发动的突击的严重打击，德军成功地突破了红军的防御。他们急速推进，从南北两面合围了苏军西方方面军和预备队方面军在维亚兹马的所有部队。

对勃良斯克方面军的守军来说，也出现了极其困难的局面。在这里，第3和第13集团军看来面临着被合围的危险。古德里安的部队未遇到严重抵抗，向奥廖尔急进。于10月3日夺取了该城。这次进攻对于苏联人来说是非常突然的，以致在德军冲进这个铁路枢纽和工业中心的时候，电车仍在照常行驶。由于进攻的突然性，撤走工业设施的计划失败了。德军在各条大街上发现了一些已经拆卸的机器和满装工具以及原材料的木箱。勃良斯克方面军在奥廖尔没有足够的部队来打退这次进攻。这个方面军被德军分割成两部分，部队损失很大，不得不向东和东南撤退。同时，在图拉方向上也出现了严重的困窘局面。

这时指挥着西方方面军的科涅夫上将（9月12日，铁木辛哥被解除方面军司令员职务，被指派去负责西南方向），决定突破他对德军实施的反击。为执行这个任务，他使用了鲍尔金中将的战役集群，但这次作战未能成功。到10月6日，西方方面军和预备队方面军的很大一部分部队在维亚兹马以西被合围了。

尽管德军取得了引人注目的胜利，但他们开始对这次战役的结局产生了严重怀疑。在10月6日夜间到7日清晨，下了冬天的第一场雪。"积雪没过多久就融化了。"古德里安回忆说，"跟往常一样，道路很快变成了满是泥淖的水沟，我们的车辆沿着这种道路只能以蜗牛般的速度行进，而且对发动机的磨损很大。"使困难变得更加严重的是，冬装还没有运到，而且直到1941年年底，被冻得半死不活的部队也未能穿上冬装。

另一个不祥的迹象是，俄军防御部队的顽强凶悍。古德里安看到他的最优秀的军官们的情绪受到了残酷战斗的严重影响而大吃一惊。他指出，虽然陆军最高司令部和集群司令部的人员兴高采烈，但人们可以看到前线部队的军官们都是身心疲惫。

古德里安说："态度的重大差别正在于此，而随着时间的推移，这种差别越来越大，直到几乎无法弥合。"他补充说，然而战斗部队不晓得他们的上司已经为胜利的气氛所陶醉。

1941年10月6日，德军坦克部队突破尔热夫·维亚兹马防线以后，继续向莫斯科以西大约五十英里的莫扎伊斯克筑垒防线推进。这条在1941年夏季经过改善的防线，是由加里宁延伸到卡卢加、马洛亚罗斯拉维茨和图拉的一系列筑垒阵地构成的。但是，不能指望守卫它的为数不多的部队，能够挡住向东挺进的大批德军。极其迫切需要的增援部队，正在从苏联远东和中亚开往前线的途中。

与此同时，德军从列宁格勒地区抽调了几个师，将其派往莫斯科参加战斗。第5坦克师没有休整就直接开赴中央集团军群。第19和第20坦克师正在前往中央集团军群的途中。一个西班牙师于10月初被派往列宁格勒，但由于苏联游击队破坏了铁路交通，这个师推迟了一段时间才到。10月6日傍晚，斯大林打电话给朱可夫，问他列宁格勒的情况怎样。朱可夫报告说德军已停止进攻。保卫莫斯科的会战已在进行中，而朱可夫在这次会战中起着非常重要的作用。在莫斯科会战中，红军第一次使德军重兵集团遭到重大的战略性失败。在这以前，也曾经取得过

卡卢加一景

一些局部性的胜利，但它们绝对不能同莫斯科会战相比。在这里，苏军的顽强防御使它能够相当巧妙地发动反击，这表明苏联军事领导人正日益成熟。红军官兵经过战斗的磨炼，从一支退却的、防守的军队，变成了一支强大的进攻的军队。

朱可夫说，莫斯科会战是他记忆最深的一次战役。

1942年1月，朱可夫担任了加里宁方面军和西方方面军的总司令。7月底，轴心国军已有30个师向斯大林格勒逼近，苏军也集中了

三个方面军部队7月17日，一场恶战开始了。朱可夫指挥的部队，顽强地抗击疯狂进攻的敌人，虽然大量消耗了德军的有生力量，但战场形势仍然十分危险。8月27日，朱可夫被国防委员会任命为最高统帅的副手，负责全盘指挥斯大林格勒战役。朱可夫只用一天时间在大本营研究形势，第二天就乘飞机前往前线指挥部。他以天才的指挥艺术和超人的工作效率，解决了防御作战中一系列极其困难的问题，保证了防御的稳定。从11月开始，朱可夫和华西列夫斯基、沃罗诺夫等制定了"天王星"反攻方案。11月17日，苏军揭开反攻序幕，到1943年2月初，以苏军全歼被围的33万敌军而结束，实现了第二次世界大战的转折。1943年1月18日，朱可夫被授予苏联元帅军衔。这年他48岁。

乌克兰一景

1944年3月，朱可夫任乌克兰第一方面军司令员，他率领部队以

走进科学的殿堂

风卷残云之势扫荡德军,向前挺进。他们的速度之快使苏联新闻局无法及时准确地报道,有一次只好笼统地报道:今天解放了240个地方。为庆祝他们的胜利,莫斯科每天傍晚都要鸣放12响到20响礼炮。同年9月,朱可夫调任进攻柏林的主力军——白俄罗斯第一方面军司令员。

在他的指挥下,红军以摧枯拉朽之势向德军大本营进攻,最终攻克柏林。1945年5月8日,朱可夫代表苏联最高统帅部在柏林接受了法西斯德国武装部队的投降,向全世界宣告了这场人类历史上最残酷的战争结束了。

战将轶事

今日柏林一景

在艰苦的战争中,朱可夫始终所向无敌,而在战后复杂多变的政治风浪中却历经坎坷,沉浮无定。柏林解放后他担任驻德苏军总司令和德国苏占区最高行政长官,1946年,朱可夫回国任苏联国防部副部长和

陆军总司令，后又被调到敖德萨军区任司令员。他性格倔强、豁达又喜欢自夸，处世作风大胆果断，工作方式独特并富有创造性。斯大林逝世后，他又于1953年3月出任苏军国防部第一副部长，两年后出任国防部长。1957年10月，又因政治上的愿因被免除党内外一切职务，并于1958年3月被迫退休。历史是不容歪曲的，人民不会忘记为保卫他们的国家做出巨大贡献的英雄。1966年，朱可夫终于得以恢复名誉，并获得列宁勋章。

1974年6月18日，一代名将朱可夫元帅溘然长逝，享年78岁。

这位在卫国战争中屡建奇功的将领，葬礼却冷冷清清，没有一位领导人出场。朱可夫的最后一位主治医师格奥尔基·阿列克谢耶夫说："那些人不去也好，其实他们巴不得朱可夫早死。"

格奥尔基是位退伍的军医、少将。在朱可夫元帅生命的最后9年，他一直担任他的主治医生，伴随朱可夫走完了其生命的最后时光。

1965年，格奥尔基在布尔内科陆军医院任内科主任。朱可夫元帅的第二位夫人加林娜也在那里工作。

一天，加林娜急匆匆地来找格奥尔基，求他替她丈夫朱可夫治病。朱可夫的心脏似乎有点问题，而格奥尔基是冠状动脉硬化治疗方面的权威。

格奥尔基一开始犹豫要不要拒绝加林娜的请求。当时一般是由克里姆林宫的"御医"给朱可夫看病，他担心自己贸然介入会惹祸上身。但格奥尔基实在不忍心拒绝加林娜，于是向上级汇报后，他便同加林娜一道赶往朱可夫位于索斯诺夫卡的别墅。格奥尔基没想到，在那以后的9年里，他会成为朱可夫家的"常客"。

走进科学的殿堂

据格奥尔基回忆，朱可夫虽然疾病缠身，但仍然身形挺拔。他不苟言笑，甚至有些自我封闭。对医生有关病情的询问，朱可夫回答得极为简单，一派标准的军人作风。格奥尔基为朱可夫做了大范围心电图测试后，发现他患有心肌梗塞。

朱可夫的病，其实是不断的生活挫折所造成的。二战结束后不久，功勋卓著的朱可夫就面临来自各方面的打击：一大批诽谤他的材料被炮制出来，连他的住处也被人装上了窃听器。以克格勃局长阿巴库莫夫为首的一帮人诬蔑朱可夫图谋发动军事政变。朱可夫因此被解除了陆军总司令一职，到乌拉尔军区任司令。

不久，斯大林逝世之后，朱可夫在拥立赫鲁晓夫"即位"的过程中由于他出头逮捕了赫鲁晓夫的

赫鲁晓夫

对手贝利亚立了头功。因此赫鲁晓夫上任之初还算知恩图报，任命朱可夫为国防部长，并让他进入政治局。但1957年赫鲁晓夫利用朱可夫在南斯拉夫访问的机会，在苏共中央全会上指控朱可夫阴谋夺权，并免去其一切职务。朱可夫从此下野，当局不让他参加一切军事、政治活动。

更令朱可夫痛苦的是，几乎所有的朋友都疏远、乃至背叛了他。比如科涅夫元帅，当年德军挺进莫斯科时，正是朱可夫将他从军事法庭的被告席上救下来，保全了他的性命。而如今他却在《真理报》上发表文章，指责朱可夫具有拿破仑式的野心。冒着风险与朱可夫保持友谊的只有巴格拉米扬和华西列夫斯基两位元帅。

也就在这时，朱可夫认识了比他小30岁的加林娜，并与之结为夫妇。在朱可夫60岁那年，他们的女儿诞生了。此后不久，病魔便将朱可夫彻底击垮：原来他花了极大心血写出的《回忆与思考》被禁止出版。朱可夫到处求人，但苏共中央政治局对此就是不肯点头，连老朋友柯西金也不帮忙。朱可夫一气之下，患了中风。

原来，当时的苏共总书记勃列日涅夫对这部战争纪录中没有提到他的名字深为不满。最后，朱可夫不得不妥协，在书中加上一段有关勃列日涅夫的文字。

晚年的朱可夫非常喜欢看戏，但却怕去剧院。因为当剧院里有人问他，"您为什么不佩戴您的4枚苏联英雄勋章"时，他不知如何答复。

拿破仑

走进科学的殿堂

　　1970年左右，朱可夫当选了莫斯科州苏共代表大会代表。朱可夫非常高兴，为此还专门订做了一件新制服。他焦急地等待大会的召开。但就在会议召开的前一天，勃列日涅夫告诉加林娜："我建议他不要出席会议。如果出席，他得频频起立、坐下，会吃不消的。"朱可夫遗憾地回到自己的别墅，此后精神更加抑郁了。

　　1973年底，朱可夫最深爱的妻子加林娜因乳腺癌病逝。而那时朱可夫已经老得连去墓地的力气都没有了。爱妻死后不到8个月，朱可夫的病情再度恶化。先是心肌梗复发，随后是心脏停跳，出现医学上的临床死亡。他的心肌被注入特殊药剂后，心脏恢复跳动，但脑供血却没有恢复。站在他的病榻前，格奥尔基看到他的目光微闪，似乎认出了他，但却无力再说什么。戴着人工呼吸器，朱可夫毫无知觉地走完了生命的最后25天。

战将轶事

炮兵主帅逞英豪

沃罗诺夫（1899.5.5—1968.2.28）生于今圣彼得堡。著名的苏联军事家、苏联炮兵主帅、苏联英雄。

圣彼得堡一景

1918年，沃罗诺夫参加红军。毕业于彼得格勒第2期炮兵训练班

走进科学的殿堂

(1918年)。1919年加入俄共（布）。1924年毕业于高级步兵指挥学校。1930年沃罗诺夫在伏龙芝军事学院毕业后任炮兵团长。

国内战争时期，沃罗诺夫参加了反对尤登尼奇军队和波兰白匪的作战。1922—1923年任炮兵连长和炮兵营长。军事学院毕业后，任莫斯科无产阶级步兵师炮兵团长。1933—1934年任该师炮兵主任。1934年被任命为列宁格勒第1炮兵学校校长兼政治委员。西班牙人民民族革命战争期间，沃罗诺夫于1936—1937年任共和国军队的军事顾问。1937—1940年任苏军炮兵主任。在研究炮兵战斗使用理论和改进炮兵兵团和部队的战斗训练以及组织编制方面，做出了巨大贡献。他经常关心新型火炮和迫击炮的发展，特别重视对炮兵干部的训练、培养和正确使用。

沃罗诺夫

1939年夏，沃罗诺夫参加哈拉哈河战役，计划和指挥集团军级集群规模的炮兵行动。1939年秋和1940年夏，苏军向西白俄罗斯、西乌克兰和比萨拉比亚解放进军时，负责调动重新组建的机械牵引炮兵部队，并完成了长途行军。1939—1940年苏芬战争中，他在卡累利阿峡地突破"曼纳林防线"上的超重型永备防御工事时，负责炮兵战斗行动的组织工作。

1941年6月苏德战争爆发后，沃罗诺夫出任国土防空军总部部长、

苏联副国防人民委员兼苏军炮兵主任。1943—1950年，任苏联武装力量炮兵司令。他作为苏军最高统帅部大本营驻方面军的代表，直接参加了一系列重大战役的计划、准备和领导工作，对保证战役的胜利起了积极的作用。同时，在研究炮兵进攻和反坦克作战的理论和实践以及创建大规模的炮兵兵团和发展最高统帅部预备队炮兵等方面，也立下了汗马功劳。1944年，沃罗诺夫被授予了炮兵主帅军衔。战后，他为苏联炮兵的发展同样付出了大量的心血。

白俄罗斯一景

卫国战争时期，沃罗诺夫曾多次作为最高统帅部大本营驻方面军的代表，直接参加了列宁格勒方面军、沃尔霍夫方面军、西南方面军、顿

走进科学的殿堂

河方面军、沃罗涅日方面军、布良斯克方面军、西北方面军、西方面军、加里宁方面军、乌克兰第3方面军和白俄罗斯第1方面军的各次战役的计划、准备和领导工作,并共同领导了消灭被包围在斯大林格勒城下的德军集团。战后,沃罗诺夫对炮兵的发展也作出了很大贡献。

1950年起,沃罗诺夫先后任炮兵科学院和炮兵指挥学院院长。在他的领导下,进行炮兵科学研究工作,其中包括火箭兵的战斗使用问题。1953—1958年任炮兵指挥学院院长。1958年参加苏联国防部总监组的工作。沃罗诺夫还对青年进行了大量的军事爱国主义的教育工作。苏联第二届最高苏维埃代表。

鉴于沃罗诺夫在几十年炮兵生涯中所建立的功勋,苏联政府曾授予

战将轶事

红场克姆林宫

他6枚列宁勋章,1枚十月革命勋章,4枚红旗勋章,3枚一级苏沃洛夫勋章,1枚红星勋章,奖章及外国勋章多枚,1件荣誉武器。1965年

5月，又授予他苏联英雄称号。

1968中2月28日沃罗诺夫在莫斯科去世，终年69岁，葬于红场克里姆林宫墙下。他的遗著有：《伟大卫国战争时期的苏军炮兵》和《服兵役》等。

走进科学的殿堂

苦难英雄的战场雄风

瓦西里·伊万诺维奇·崔可夫（1900.2.12—1982.3.18）是苏联著名的军事家、苏联元帅、苏联英雄。1918年，崔可夫参加苏军，他先后求学于莫斯科军事教官训练班、伏龙芝军事学院等。

战将轶事

崔可夫

世界大战的战场上，骁勇善战的将领为数不少；但是，拥有外交生涯的勇将却不多见。而在第二次世界大战的苏联红军中就有一位这样的将领，与世纪同龄的苏联红军元帅崔可夫就是其中一位。崔可夫早年参加红军，历任团长、驻中国军事顾问、旅长、军长、集团军司令、驻中国武官、战役集群司令等职。卫国战争中参加过许多著名战役，率部从斯大林格勒一直打到柏林，战功卓著，曾两次被授予苏联英

雄称号。

1912年，由于家境贫寒，12岁的小崔可夫就不得不过早辍学，告别父母离开家乡，只身一人前往首都彼得堡，挣钱糊口，开始了自食其力的生活。在喀山大街的彼得·萨韦利耶夫工厂，他干上了一份专门为沙皇军官制作刺马针的苦工；这个苦孩子憧憬着自己将来有朝一日能穿上马靴，带上刺刀去驰骋疆场建功立业。

崔可夫勇敢、坚毅、果断的性格形成于少年时代。崔可夫出身于贫苦农民家庭，坎坷的经历为其后来成为一代名将打下了良好的心理基础。他晚年在回忆那段历史时曾说："苦难是不幸的，但却又是珍贵的。如果没有童年的磨难，我不会那么坚强；如果没有童年的苦难，我不会有那般对党和国家的忠诚；如果没有忠诚的信念，我不会守住斯大林格勒。"

1917年，崔可夫在喀琅施塔得水雷手中队当见习水兵。1918年春，崔可夫在经历了俄国十月革命这一伟大的历史变革之后，进入红军莫斯科军事教官训练班，成为第一期学员。在训练班，崔可夫接受了严格的军事训练，军事素质有极大的提高。令他难忘的是，1918年7月2日，列宁来到军事训练班，并发表了演说。能亲眼看到革命的领袖列宁，并聆听他的讲话，令崔可夫激动不已。

在军事训练班，崔可夫第一次参加了保卫新生革命政权的战斗，平定了莫斯科"左派"社会革命党人的反革命叛乱。这次战斗很快就结束了。然而，新生革命政权所面临的国内白匪叛乱、国外帝国主义武装干涉的严峻形势，促使崔可夫投身到更为广阔的战场和更加激烈的战斗中去。

走进科学的殿堂

从军事训练班毕业后,崔可夫参加了国内战争,在南方面军任副连长。1918年11月和1919年5月先后在东方面军和西方面军第2集团军第28师第40团任副团长、团长。在1919年春天,他率部参加了粉碎高尔察克匪军的战斗,并于5月初击退了高尔察克的进攻。由于崔可夫在战斗中的出色表现,5月4日,他被接受加入了布尔什维克党。在粉碎高尔察克匪帮后,崔可夫被调往西方面军任团长,参加了对波兰白匪军的战斗。由于作战英勇,崔可夫在这一时期荣获两枚红旗勋章。

1922年,战事停息下来,崔可夫申请系统学习军事理论,他十分向往进入工农红军军事学院深造。这所学院的前身是1918年9月创办的红军总参谋部军事学院,是苏联军事学院的开山鼻祖。1924年4月,着名的红军元帅伏龙芝出任该院院长,使该院的教学水准大大提升;为纪念1925年逝世的伏龙芝元帅,该学院于同年10月更名为伏龙芝军事学院。这所学院曾培养出了朱可夫、华西列夫斯基等一大批苏军高级将领。1922年8月,崔可夫如愿以偿地成为伏龙芝军事学院第五期的学员。在3年的时间里,崔可夫得以系统地学习了军事理论,使自己的军事理论素养在丰富的实战经验基础上得到很大的提升。1925年8月,崔可夫以优异的成绩随第五期学员们如期毕业;院长伏龙芝元帅向毕业学员提出贺词:"为部队军事技能和政治觉悟的提升,奉献出全部力量。"

由于学业优异,学院决定把崔可夫留在东方系的中国部继续作为期1年的深造。东方系的主要任务是培养新一代的军事外交官,对学员的要求十分严格。崔可夫在东方系中国部学习期间,将大量时间和精力用于学习中国的汉语上,并经常去纳里曼诺夫东方大学,与中国留学生一起讨论有关中国的问题。

1926年秋,伏龙芝军事学院东方系中国部的实习生崔可夫,以外交随员的身份,随资深外交官克罗日科前往中国。在首次的中国之旅中,他先后到过中国的哈尔滨、长春、大连、天津、北京。此时的中国正处在战乱之中,崔可夫深切地感受到了战乱给中国人民带来的苦难。

1927年秋,崔可夫正式完成在伏龙芝军事学院东方系的学业,再度前往中国,担任军事顾问。在这次军事顾问的2年任职期间,崔可夫四处游历,足迹几遍布整个华北、华南和四川省。他进一步加深了对中国的了解,并学会讲一口流利的中国话。

1929年,中苏双方在中东铁路问题上出现纠纷,事态愈演愈烈,两国军队在边境地区不断结集。7月13日,苏联宣布与中国断绝外交

孙中山

张学良

关系，崔可夫奉命随苏方外交人员撤回国内。8月6日，苏联军事委员会组建远东特别集团军，任命曾在1924至1927年在中国担任孙中山先生顾问的布柳赫尔（即加仑将军）出任该集团军司令官；15日，苏联政府向中国发出最后通牒。16日，中国东北的将军张学良发表了对苏作战动员令，决定以东北军的6万兵力分东、西两路抗击苏军。此时，刚刚回国的崔可夫立即奉命赶赴远东特别集团军司令部的驻地伯力，在该集团军参谋部从事情报的收集和整理工作，直接对集团军司令官布柳赫尔负责。从10月10日起，中苏双方在黑龙江和松花江的汇合处——同江、富锦地区进行激战，装备陈旧的中国东北军失利；11月17日，苏军又猛攻黑龙江省东部的密山地区、西部的满洲里与海拉尔地区，再次得手。战场上的失败，使张学良不得不接受了《伯力协定》。而崔可夫则在此次中苏军队交战的前线，首次亲眼目睹了苏军步兵与战车部队协同作战的巨大威力。

1929—1932年，崔可夫任红旗远东特别集团军司令部处长。1938年任步兵第5军军长和第4集团军司令员，指挥集团军参加了白俄罗斯西部的解放进军。苏芬战争中任第9集团军司令。1940年12月至1942年3月任驻华武官、军事总顾问。

1942年7月末的一天，德军设在乌克兰文尼察附近、代号"狼穴"的作战大本营里，希特勒向他的将帅们宣布完进攻斯大林格勒的作战计划后，狂妄而阴沉地叫了一句："9月1日前，斯大林格勒必须毁灭！"然而，时过半年，毁灭的不是斯大林格勒，而是进攻这座城市的数十万德军官兵。苏军在保卫斯大林格勒的日日夜夜，一颗新的将星升了起来，他就是第62集团军司令崔可夫。

1943年9月1日之前，德军虽未占领斯大林格勒，但已将它三面包围并开始进攻市区。担任城区防御任务的苏军第62集团军司令罗帕京中将对坚守作战信心不足，与最高统帅部的决心不一致，斯大林果断地将其免职，命崔可夫走马上任。从此，崔可夫开始写下他军事生涯中最悲壮却又最辉煌的一页。

斯大林格勒会战

"在困境中，再也没有比恢复信心与意志更重要的事情。"崔可夫到第62集团军任职抓的第一件事。该部受前任司令影响，士气不高。更有甚者，一个坦克军军长未经允许竟擅自将部队从坚守阵地后撤，把军指挥所设在了集团军指挥部的后面。崔可夫上任当天，闻听此事后立即严厉责问这个军长和其政委:"指挥员的行动就是士兵的信心和意志,如果你们手下的指挥员擅自撤到你们后边,这仗怎么打?部队还怎么指挥?你们是在临阵脱逃!"他命令道:"明日4时前,你们必须与你们的指挥所一起返回原来阵地,没有命令不得再后撤一步。否则,我将以叛国罪和临阵脱逃罪把你们送上法庭!"新司令的行为使整个集团军的士气大振。

崔可夫作为一名战地指挥员,临机果断处置问题的能力很强。9月14日,德军占领了斯大林格勒最重要的制高点马马耶夫岗,冲进市区,

伏尔加河

将守城苏军压到伏尔加河岸边。此时,苏军要守住城市,必须确保中央

渡口，以维持与对岸的联系。崔可夫决心消灭敌人压制渡口的火力点。但是，他手中已无一支预备队。有人告诉他，目前城内只有第 10 师损失不大，只不过它隶属于内务部，独立性极强。他听后心里一沉，内务部是贝利亚掌管的部门，此人不好得罪，否则将冒很大的政治风险。然而，他还是果断地决定调用此师。他说："顾不了那么多了！战斗关键时刻谁能最后多投入一个营，谁就能扭转整个战局。现在就到这个时候了！"正是由于他的这一决定，苏军终于度过了整个斯大林格勒战役中"命系游丝"的 48 小时，等来了增援部队。斯大林看到他事后提送的报告，称赞他做得对。

1936 年初，崔可夫被选送入红军机械化和摩托化学院的速成班学习，年底，他从速成班毕业后被分配担任机械化旅的旅长。此时，全苏联正陷入斯大林发起的一场大规模的清洗运动之中，为数众多的军队高级将领在这场暴风般的灾难中被无情地清洗掉；但崔可夫却奇迹般地交上了青云直上的好运，开始大步跨入高级将领的行列。

1938 年，崔可夫被任命为步兵第 5 军的少将军长；仅仅 3 个月之后，他又升任白俄罗斯特别军区博布鲁伊斯克集群司令官。同年 4 月，苏联政府就以加强北方防务为由，多次向芬兰政府提出无理要求，要获得租借芬兰本土和芬兰湾某些属于芬兰的岛屿并取得在这些岛屿上设防的权利；芬兰政府在保证不允许任何国家利用芬兰领土作为进攻苏联基地的同时，拒绝了苏联政府提出的无理要求。在几番秘密谈判和要挟不成之后，苏联政府于当年 12 月宣布废止 1932 年签订的《苏芬互不侵犯条约》，断绝与芬兰的外交关系，要发起对芬兰的战争。于是，参加侵波战争的第 4 集团军司令官崔可夫被调任第 9 集团军司令官，指挥该集团军所辖的4个师承担了对芬战争中切断芬兰"腰部"的任务；但仕途坦荡的崔可夫此次在战场上却没能交上好运。12月底，崔可夫的第9集团军虽然楔入芬军防御区40多公里，但在随后的战斗中，他的两个主力师即摩托化步兵第44师和步兵第163师（共拥有48000人、335门火炮、100多辆战车和50辆装甲车），极不适应芬兰的严寒气候，被芬军歼灭过半。崔可夫因此被解除了第9集团军司令官的职务。

当时，中国军队里有不少的外国军事顾问；苏联的军事顾问遍布除共产党军队之外的各个战区。崔可夫很快就获知，蒋介石统率的部队有290个步兵师、14个骑兵师、22个炮兵团、6个迫击炮团及其它部队，总人数为385万多人。不久，崔可夫了解到实情是：当时中国很多部队的装备、战斗力和士气都很低；但是士兵们有着吃苦耐劳的良好秉性；国共两党的军队没能建立起良好的协同作战关系（他本人也不便协调这种关系）。在就任蒋介石的总军事顾问期间，崔可夫制订过不少军事计划，但多数难以获得蒋介石的首肯。在重庆，崔可夫还广泛接触各国的驻华使节以收集各种情报。他与美国驻华代理武官雷特上校、法国维希政府的驻华武官冯伊上校等人建立了良好的信任关系。他对各种情报进行仔细的分析后，帮助

蒋介石

莫斯科方面确定了日军的南进战略企图，为苏联政府与日本签订《苏日中立条约》以避免两线作战做出了自己应有的贡献。

1939年初，国际形势因希特勒德国的扩军备战而日趋恶化，位于苏联西部前哨的白俄罗斯特别军区进行重大改组，在原博布鲁伊斯克集群的基础上组建了第4集团军，39岁的崔可夫出任集团军司令官。1939年9月1日，德国军队入侵波兰；2天后，英法两国对德宣战，第

今日波兰一景

二次世界大战全面爆发。9月17日，苏联政府宣布：波兰政府现已流亡国外，波兰国家已不复存在，苏波两国之间既订的全部条约一律废止；鉴于波兰局势已对苏联安全构成威胁，苏军将越过苏波边界，"解放"西乌克兰和西白俄罗斯。随后，苏联政府组建了白俄罗斯方面军和乌克兰方面军。崔可夫指挥的第4集团军被编入白俄罗斯方面军，参加

了入侵波兰的行动。

　　1952年，崔可夫上将在苏共19大上当选为苏共中央候补委员。1953年3月，苏联领导人斯大林逝世，苏军高级将领开始进行任职的调整（布尔加宁元帅出任国防部长）。5月底，苏联政府取消了德境管制委员会，崔可夫被调回国，担任基辅军区司令。

　　1955年，崔可夫获晋元帅军阶。1960年4月，崔可夫调任国防部副部长兼陆军总司令；同年7月，兼任苏联民防司令。在1961年的苏共22大上，崔可夫元帅当选为苏共中央委员，成为苏联武装力量的高层中坚人物。在赫鲁晓夫担任苏共中央总书记期间，崔可夫元帅受到了重用，成为其得力的军事助手。崔可夫大力倡导质量建军，使苏联陆军装备大量先进的飞弹和核武器，并使苏联陆军完全实现了摩托化；他还使苏联的民防工程得到了很大发展。在"古巴导弹危机"事件发生后，赫鲁晓夫采取退却策略，引起苏联军方高层强硬派的不满；崔可夫积极协助赫鲁晓夫在苏军高层进行了有效的疏导工作。

　　1972年，72岁高龄的崔可夫元帅改任国防部总监小组组长，他仍然着力研究军事理论问题，总结第二次世界大战的经验。在自己的晚年中，崔可夫勤于笔耕，

赫鲁晓夫

以自己丰富的人生经历和非凡的军事指挥生涯，撰写了《在战火中锤炼青春》和《在华使命》2部回忆录；出版了《集体英雄主义的集团军》、《斯大林格勒经验与教训》、《斯大林格勒近卫军西进》、《在乌克兰的战斗》、《战火中的180天》、《空前的功绩》、《从斯大林格勒到柏林》、《本世纪之战》等8部战史著作。

与世纪同龄的崔可夫元帅是勇于创新的战术家和技艺高超的战役指挥官。他在自己漫长的军事生涯中，以其大胆的独创精神屡建战功，先后荣获了9枚列宁勋章、1枚十月革命勋章、4枚红旗勋章、3枚一级苏沃洛夫勋章、1枚红星勋章。崔可夫元帅光辉战斗的一生赢得了人们的普遍敬重。

1982年3月18日，崔可夫元帅安详地闭上了自己的眼睛，享年82岁。

走进科学的殿堂

一将功成万骨枯

瓦西里·丹尼洛维奇·索科洛夫斯基（1897—1968）是苏联元帅、著名军事理论家。索科洛夫斯基长期致力于加强苏联武装力量建设，发展军事科学。他于1962年主编出版的《军事战略》系统论述了苏联的军事战略观点，特别是现代条件下核战争的准备与实施等问题，为苏联加速发展火箭核武器，并最终形成较完整的火箭核战略理论奠定了基础。此外，作为一位身经百战的元帅，索科洛夫斯基向来在战场上临危不乱、神闲气定，即使在面临全军覆灭危险的时候，仍表现出了刚毅果敢、百折不回的品质。然而当他所热切期盼的最后胜利降临时，这位苏军总参谋长竟流下了眼泪。

1918年，索科洛夫斯基参加

战将轶事

索科洛夫斯基

苏军。1921年毕业于工农红军军事学院。1928年毕业于高级速成班。国内战争时期，随东南方面军、南方面军和高加索方面军参加作战，历任连长、团副官，副团长、团长、步兵第39师第一副参谋长、旅长、步兵第32师参谋长等职。1921年起先后任土耳斯坦方面军作战部副部长、师参谋长、师长、费尔干纳和撒马尔罕州军队集群司令。曾积极参加同巴斯马奇匪帮的斗争，因指挥部队有功，荣获红旗勋章。

1922—1930年，索科洛夫斯基历任中亚地区步兵师参谋长、莫斯科军区步兵师参谋长、北高加索和白俄罗斯两军区的步兵军参谋长1931年加入苏联共产党。1930—1935年先后任步兵师师长、伏尔加河沿岸军区副参谋长。1935年5月起任乌拉尔军区参谋长。1938年4月起任莫斯科军区参谋长。1941年2月起任副总参谋长。

卫国战争时期，历任西方面军参谋长（1941.7—19421.1，19421.5—19431.2）、西方向参谋长〔19411.7—1941.9（兼西方面军参谋长），1942.2—1942.5〕、西方面军司令（1943.2—1944.4）、乌克兰第1方面军参谋长（1944.4—1945.4）、白俄罗斯第1方面军副司令(1945.4—1945.5)。战争时期，充分显示了他的军事和组织才干。他领导下的方面军司令部以出色的组织工作著称。曾积极参与计划和实施莫斯科反攻作战。1943年初指挥西方面军部队，与加里宁方面军协同，胜利进行了肃清勒热夫-维亚济马希特勒匪徒基地的战役。1943年夏又率部参加了奥廖尔战役和斯摩棱斯克战役，突破了敌人的强大防御。后参加了利沃夫-桑多梅日、维斯瓦河-奥得河和柏林诸战役的准备和实施工作。因在柏林战役中指挥有方，被授予苏联英雄称号。

1945年5月8日，德军元帅凯特尔代表纳粹德国在柏林以东卡尔斯

走进科学的殿堂

霍斯特镇的一所军事学校的会议厅里签署了无条件投降书。朱可夫元帅是这次受降仪式上的苏联首席代表。作为战争中作出过卓越贡献的朱可夫元帅的副手，索科洛夫斯基也参加了这次具有历史意义的受降仪式。

今日柏林一景

受降仪式一直进行到深夜。次日 0 时 43 分，当德国代表凯特尔颤抖着手在无条件投降书上签完字、迈着迟缓的步子走出签字大厅后，大厅内立即响起一片难以形容的欢呼声。就在人们为取得反法西斯战争的胜利相互祝贺、握手时，朱可夫元帅发现他的副手索科洛夫斯基正在暗自落泪。朱可夫元帅劝慰道："亲爱的索科洛夫斯基同志，我们应该高兴。在柏林这场最后交战中，您与您的部队出色地完成了任务，赢得了伟大的荣誉！"索科洛夫斯基哽咽地回答："是的，应该高兴！我只是遗憾有许多人已不在我们中间了，否则他们将为这长久企盼的胜利与我们一起欢呼。"

此时索科洛夫斯基头脑里浮现的是只差42天而没有看到胜利的被誉为苏联"军队的大脑"的沙波尼什科夫元帅。索科洛夫斯基在从他手中接过西部战区参谋长担子时，沙波尼什科夫曾对他说：祝你好运！你面前是充满苦难与艰辛的历程，但为了胜利，我的心永远和你在一起！然而，这位元帅却没有活到胜利的这天。他的头脑中还浮现出莫斯科保卫战中一位白发苍苍的老妪用单薄的身躯顶着寒风挖掘工事的身影，这位老妈妈的两个儿子都战死在斯摩棱斯克战役中。

斯摩棱斯克战役

索科洛夫斯基回忆录在关于受降仪式时的感受中写道：当时，我脑海里想得最多的是那些为了今天而献出自己的鲜血和生命的相识或不相

识的上级、战友与部下。现在我们是幸运的，因为我们还活着，能庆祝胜利，而他们却在另一个世界默默无语，唯有他们墓地上的萋萋青草还在随风摇曳。活着的不应该忘记死去的，幸运的不应该忘记不幸的。没有他们，就没有我们今天的生存与幸运！

1946年3月起，任总司令、苏联驻德军管局总指挥兼对德管制委员会苏方委员。1949年3月起任苏联武装力量部（1950年2月起为苏联军事部）第一副部长。1952年6月—1960年4月任军事部（1953年3月起为苏联国防部）第一副部长兼总参谋长。在部队的教育训练中，广泛运用其精湛的军事知识和指挥、参谋工作方面丰富的作战和实践经验，为加强苏联武装力量的建设，进一步发展军事科学，做了大量工作。领导并参加撰写《军事战略》（莫斯科1968年第3版）和《法西斯德军在莫斯科近郊的溃败》（莫斯科1964年版）两部军事理论和军事历史著作。1960—1968年任苏联国防部总监组总监。1952—1961年为苏共中央委员，1961年起为中央候补委员。苏联第二·七届最高苏维埃代表。获8枚列宁勋章，1枚十月革命勋章，红旗勋章、一级苏沃洛夫勋章和一级库图佐夫勋章各3枚，奖章及外国勋章、奖章多枚，1件荣誉武器。葬于红场克里姆林宫墙下。新切尔卡斯克红旗高级军事通信指挥学校以其名字命名。格罗德诺市树有其半身像。乌拉尔军区司令部大楼为其设置有纪念牌。

索科洛夫斯基的著作有《解放西乌克兰地区》，载《利沃夫地区之战》一书，利沃夫1965年版；《光荣的战斗历程》，载《从莫斯科到柏林》一书，莫斯科1966年版；《莫斯科大会战及其历史意义》，载《无比的功绩》一书，莫斯科1968年版。

"反白"骨干

恰帕耶夫与国内战争

恰帕耶夫·瓦里西·伊万诺维奇（1887.2.9—1919.9.5）生于布代卡村（今属楚瓦什自治共和国切博克萨雷市）一贫苦木工家庭。一译夏伯阳·瓦里西·伊万诺维奇。杰出的红军指挥员，苏联国内战争英雄。1908年秋被征入伍，不久退入预备役。第一次世界大战开始后，1914年再次被征入伍。参加苏联红军后，在第一次世界大战中，因作战勇敢，战功卓著，曾获4枚乔字十字勋章和1枚奖章，并晋升为候补准尉。1917年在萨拉托夫住医院，后转至尼古拉耶夫斯克（今萨拉托夫州普加乔夫市）。1917年9月加入苏联共产党。1917年12月当选为后备步兵第138团团长。1918年1月被任命为尼古拉耶夫斯克县内务委员。1918年初组建了一支赤卫队，平息了尼古拉耶夫斯克县的富农和

十字勋章

社会革命党人叛乱；5月起任由他组建的一个旅的旅长，参加了对乌拉尔哥萨克白匪和捷克白匪的作战，9月起任进攻乌拉尔斯克的尼古拉耶夫斯克第2师师长。1918年11月~1919年1月在工农红军总参学院学习。后本人请求奔赴前线，任东方面军第4集团军亚历山大罗夫盖军队集群司令，该集群在斯洛米欣斯卡亚镇附近作战时建立了卓著战功。

1919年3月恰帕耶夫被任命为步兵第25师师长（4月到任），该师

乌拉尔河

在1919年东方面军向高尔察克军队发动的反攻中，参加了布古鲁斯兰、别列别伊和乌法诸战役，并起了重要作用。他在乌法以北地区作战中负伤。因成功指挥部队和兵团对敌作战，表现勇猛无畏，荣获红旗勋章。1919年7月步兵第25师打破了哥萨克白匪对乌拉尔斯克城的围困，并重创敌军；8月该师部队攻占了勒比先斯克和萨哈尔纳亚镇。他在作战

中表现了高超的组织才能和军事才能，以意志坚定、勇猛果敢驰名。1919年9月5日拂晓，白卫军向勒比先斯克第25师司令部发起进攻。恰帕耶夫和他的战士们英勇地同敌优势兵力作战，直到打完最后一颗子弹。他在战斗中负伤，试图渡过乌拉尔河，不幸中弹牺牲。

人们为恰帕耶夫建立了许多纪念碑。不少城市、居民点、集体农庄、国营农场、学校、街道和舰艇，以其名字命名。根据土耳其斯坦方面军革命军事委员会1919年9月10日的决定，第25师被命名为恰帕耶夫师。

追忆恰帕耶夫，在国内的布古鲁斯兰战役中，第5集团军和土耳其斯坦集团军分别以第26师（师长埃赫）和第25师（师长恰帕耶夫）重创西集团军，并将敌向东击退120~150公里，解放了布古鲁斯兰、谢尔吉耶夫斯克、布古利马。这一战役的结果，东方面军中央的战略主动权转至苏军手中。成为恰帕耶夫的光辉战绩。

1919年4月28日至6月20日，在苏联国内战争中，东方面军实施的数次进攻战役，战役结果使高尔察克海军上将的各集团军遭到重创。同年3月4~6日，由帝国主义列强改编和装备的高尔察克军队对几经战斗受到削弱的东方面军转入了进攻，目的是进至伏尔加河中游并与邓尼金各集团军会合，共同向莫斯科进军。汉任将军的西集团军向乌法、萨马拉方向对苏军第5集团军实施主要突击，盖达将军的西伯利亚集团军向伊热夫斯克、喀山对苏军第2、第3集团军接合部实施辅助突击。3月6日，西集团军将因进攻而遭削弱的苏军第5集团军从所占领阵地击退后，于3月14日占领了乌法，尔后在30天内推进至谢尔吉耶夫斯克、布古鲁斯兰，并威胁萨马拉。此前，西伯利亚集团军攻占奥汉斯克、奥萨、沃特金斯基、伊热夫斯克等地。在西集团军南面行动的别洛夫将军的南集团军级集群以及哥萨克白匪奥伦堡集团军和乌拉尔斯克集团军，迫使苏军第1集团军和土耳其斯坦集团军退至萨尔梅什河并放弃了奥尔斯克、阿克纠宾斯克。

东方面军局势危急。白卫军逼近伏尔加河。苏军无力封闭在第5、第2集团军之间形成的宽约150公里的缺口，方面军预备队已消耗殆尽。在此条件下，俄共（布）中央委员会和苏联政府确定东方面军为共和国主要方面军。4月12日发表的列宁起草的《俄共（布）中央关于东线局势的提纲》，是动员人力物力粉碎高尔察克的战斗纲领。短期内，就有1.5万名共产党员、3000名共青团员、2.5万名工会会员被派

今日叶拉布加一景

往前线，并调去了一些步兵和骑兵部队和兵团，以及武器和弹药。方面军计有 14 万余人，机枪 2455 挺，火炮 511 门。

为了更好地对军队实施战役领导，4 月 11 日，南方集群（司令员为伏龙芝）除第 4 集团军、土耳其斯坦集团军外，又编入了第 1、第 5 集团军；北方集群（司令员为绍林）编入了第 2、第 3 集团军。方面军首长拟制并经共和国革命军事委员会同意的反攻计划规定，在两个大规模进攻战役中粉碎高尔察克各突击集团。南方集群的任务是从南向北（由布祖卢克地域向乌法）实施深远包围突击，以粉碎正面宽 450 公里的敌西集团军，北方集群的任务是向萨拉普尔、彼尔姆实施正面突击，击溃西伯利亚集团军。南方集群各兵团要向布祖卢克地域集中，军队就要进行复杂的变更部署。他们在春季泥泞条件下行进了 300～500 公里。反攻准备于 4 月底以前完成。在南集群主要突击方向集中了该集群 2/3 的步兵和炮兵，以及全部骑兵。该集群正面宽达 940 公里，计划在近 220 公里地带内实施反攻。共拨出 22,500 人防守其余 720 公里的正面。还在反攻开始前，第 1 集团军和土耳其斯坦集团军就分别在萨尔梅什河、焦马河、小基涅利河地域对敌实施了反突击，破坏了敌西集团军和别洛夫集群之间的战役战术联系。

苏军南集群从 4 月 28 日至 6 月 20 日的反攻，分为三个根据同一目的和企图逐次实施的进攻战役，即布古鲁斯兰战役、别列别伊战役、乌法战役。在布古鲁斯兰战役（4 月 28 日至 5 月 13 日）中，第 5 集团军和土耳其斯坦集团军分别以第 26 师（师长埃赫）和第 25 师（师长恰帕耶夫）重创西集团军，并将敌向东击退 120～150 公里，解放了布古鲁斯兰、谢尔吉耶夫斯克、布古利马。这一战役的结果，东方面军中央

的战略主动权转至苏军手中。在别列别伊战役（5月15—19日）中，土耳其斯坦集团军和第1集团军在遭遇战斗中击溃了从预备队调来的卡佩利将军的1个军。西集团军和卡佩利军残部退至别拉亚河。

至5月月中前，苏军挫败了哥萨克白匪各集团军突击奥伦堡、乌拉尔斯克，以阻止南方集群向乌法方向前进的企图。在乌法战役（5月25日至6月20日）过程中，土耳其斯坦集团军强渡别拉亚河，再创汉任集团军，于6月9日解放了乌法，10天后前出至乌拉尔山前地带。5月12日调出南方集群的第5集团军朝比尔斯克，克拉斯诺乌菲姆斯克前进，5月27至29日在拜萨罗沃地域击退敌叶卡捷琳堡突击军的反突击，并在强渡别拉亚河后，于6月8日解放了比尔斯克。第5集团军进至卡马河、别拉亚河和南方集群的顺利反攻，迫使盖达将军从正面撤回西伯利亚集团军部分兵力来掩护左翼，这有助于使苏军北方集群转入反攻。5月25日，第2集团军发动了解放伊热夫斯克-沃特金斯基工业区的战役。在伏尔加河区舰队配合下，该集团军以右翼向萨拉普尔实施突击，于5月26日解放了叶拉布加，6月2日解放了萨拉普尔，6月7日解放了伊热夫斯克；6月

乌拉尔山脉

19日，该集团军逼近奥萨、奥汉斯克。第3集团军向彼尔姆脚进攻，被西伯利亚集团军的反突击阻住。高尔察克匪帮夺取格拉佐夫（6月2日）后，企图前出到维亚特卡并与在西北行动的反革命军队会合，但被

西伯利亚一景

阻住。第3集团军击退敌军并解放了格拉佐夫（6月13日）后，至6月20日前进抵彼尔姆远接近地。6月21日，反攻发展成为总的东方面军的进攻（1919—1920年）。

此次战役，苏军在不到两个月时间内击溃了高尔察克的西集团军和西伯利亚集团军，前进350～450公里，逼近乌拉尔山前地带。协约国企图纠集在俄国南部、东部和北部活动的反革命势力的计划终遭破产。总面积达33万平方公里、人口500多万的重要产粮区和工业区从高尔

察克反革命专政下解放出来。苏军牢固掌握了战略主动权后,为解放乌拉尔和西伯利亚展开了进攻。东方面军的反攻,是国内战争中规模最大的战略性战役之一。其特点是,反攻是以两个集群的进攻样式实施的,每次进攻都是一个独立的方面军规模的战役。南方集群在东方面军反攻中起了决定性作用。伏龙芝功绩卓著,他在选定主要突击方向、大规模变更军队部署以便在决定性方向建立对敌兵力优势和坚决实现战役企图等方面表现了高超的技术。东方面军反攻的特点是:广泛机动兵力兵器,对翼侧和后方突击与正面突击和迅猛追击敌人相结合。这一切是以高昂的士气和指挥员高超的战役战术技能为基础的。由于在反攻过程中表现的英雄主义和高超技术,很多指挥员荣获各种勋章,方面军各兵团荣获全俄中央执行委员会荣誉红旗。

后来东方面军转为进攻(1918—1919年),东方面军的进攻结果,使协约国帝国主义者纠集东方、北方和南方反革命势力的计划被打破。伏尔加河流域、卡马河沿岸、西乌拉尔和南乌拉尔部分地区重建了苏维埃政权。盛产原料和粮食的广大地区(15万多平方公里)重回共和国怀抱,伏尔加河航路业已打通,并与苏维埃土耳其斯坦恢复了联系。东方面军在组织上巩固起来,经受了锻炼,获得了实施大规模进攻战役和防御战役以及组织战役追击和战术追击的技能。在各次进攻战役中,方面军成功地采用了复杂的机动样式(正面突击和翼侧突击,对敌军集团的合围机动)。

恰帕耶夫的名字和那段历史紧密相连。

1919年6月21日至1920年1月7日,在苏联国内战争期间,苏军东方面军为粉碎高尔察克白卫军并解放乌拉尔和西伯利亚而实施的数次

战役。

在东方面军的反攻过程中，第1、第2、第3、第4、第5集团军于6月20日前抵达尼古拉耶夫斯克、伊列克、奥伦堡、斯捷尔利塔马克、乌法河、奥萨、奥汉斯克、彼尔姆以西30公里一线。5个集团军共有步、骑兵12.5万人，机枪2580挺，火炮530门，飞机42架，装甲汽车28辆，装甲列车7列。主力部署在中央和北翼，正面宽500公里。第4、第1两集团军合编为方面军南集群（司令员为伏龙芝），在1300公里正面上行动，并掩护奥伦堡方向和乌拉尔斯克方向，以保障主力的进攻。

高尔察克军队有步、骑兵11.5万人，机枪1300挺，火炮300门，

今日叶卡捷琳堡风光

飞机15架，装甲汽车3辆。高尔察克的主力在中央和北翼防御，以基

本兵力掩护兹拉托乌斯特、车里雅宾斯克方向和彼尔姆、叶卡捷琳堡方向。高尔察克南集团军和哥萨克白军两集团军守卫南乌拉尔，并在奥伦堡方向和乌拉尔斯克方向采取积极战斗行动。

双方有生力量大致相等，东方面军的机枪和火炮比敌人多0.5～0.7倍，飞机多1.8倍，装甲汽车多8倍，但骑兵数量比敌人少一半。在此条件下，高尔察克计划以西集团军和西伯利亚集团军在乌法河和卡马河一线的积极防御阻止苏军前进，以奥伦堡集团军和乌拉尔斯克集团军向察里津、萨马拉实施突击，破坏东方面军的交通线并与从北高加索进攻的邓尼金的1个集团军会合。

东方面军进攻计划是根据列宁关于"向乌拉尔的进攻不但不能削弱，而且必须无条件地加强，并补充新的力量"的指示制定的，其出发

彼尔姆风光

点是必须在奥伦堡，乌拉尔斯克地域牵制哥萨克白军各集团军，并解放被哥萨克白军封锁的乌拉尔斯克。实施进攻的基本兵力是：以第5集团军向兹拉托乌斯特、车里雅宾斯克方向进攻，以第2、第3集团军与伏尔加河区舰队协同，向彼尔姆、昆古尔、叶卡捷琳堡方向进攻。赋予第5集团军和第2、第3集团军的任务，是分别粉碎西集团军和自卫军西伯利亚集团军，越过乌拉尔山脉并解放乌拉尔。解放西伯利亚是进攻的最终目的。方面军革命军事委员会的计划，在俄共（布）中央委员会7月全会上获得批准。

在夺取乌拉尔阶段，东方面军的进攻包括一系列同时而连续实施的相互联系的集团军群战役和集团军战役。北集群未经战役间歇即展开进攻，顺利实施了彼尔姆战役、叶卡捷琳堡战役，在这两次战役中，将高

西西伯利亚

尔察克的西伯利亚集团军分割成两个孤立集群；将其赶过乌拉尔并予以各个击破。托明指挥的第3集团军骑兵集群对白卫军后方的深远奇袭对此起了重要作用。在1个月的战斗中，第2、第、3集团军共前进400公里，解放了彼尔姆、昆古尔、克拉斯诺乌菲姆斯克、叶卡捷琳堡等中乌拉尔各大工业中心。彼尔姆战役和叶卡捷琳堡战役彻底打破了协约国企图使高尔察克军队与北方英国武装干涉者会合的计划。

在兹拉托乌斯特战役（1919年）中，第5集团军越过乌拉尔山脉并解放了兹拉托乌斯特。南集群第4集团军加强恰帕耶夫的步兵第25师解除了敌对乌拉尔斯克的封锁。第4集团军进行乌拉尔斯克战役的结果，使白卫军在俄国东南部建立反苏维埃共和国的统一战线的企图破产了。此后，第2集团军被调到南方面军。第5、第3集团军继续进行夺取乌拉尔的斗争。7月17日—8月4日进行的车里雅宾斯克战役（1919年）中，第5集团军在第3集团军配合下再创高尔察克军队。第5集团军先后解放了车里雅宾斯克、特罗伊茨克，将高尔察克方面军割裂成两个孤立的集团，其中1个集团退向西伯利亚，另1个集团退向土耳其斯坦。

西伯利亚的进攻，基本上是对败退的高尔察克军队实施战略性正面追击和平行追击。在彼得罗巴甫洛夫斯克战役过程中，第5、第3集团军击退了高尔察克第1、第2、第3集田军的反攻，解放了彼得罗巴甫洛夫斯克、伊希姆并将敌军赶至伊希姆河对岸。11月初起，东方面军进攻在1000公里正面沿离心方向进行：以第5、第3集团军沿西伯利亚铁路干线向东，另以科克切塔夫集群向东南，向科克切塔夫、阿克莫林斯克、谢尔吉奥波利方向进攻。在1919年11月至1920年1月间三个

连续进行的战役中,方面军解放了西西伯利亚。击溃高尔察克各集团军,是对苏军在国内战争各战线取得决定性胜利的一个重大贡献。苏维埃政权在乌拉尔和西伯利亚的广大地区建立起来,并使这个边疆区酌丰富原料资源和工业资源供年轻的苏维埃共和国利用。在东方面军进攻中,明显地表现了苏联军事学术的新特点:战略目的坚决,力求彻底粉碎敌人,不经大的战役间歇即同时和逐次实施方面军(集团军群)进攻战役和集团军进攻战役,以完成重大战略任务。在这些战役中采用了各种机动样式:翼侧和正面突击,突破防御并强渡大的水障碍和翻越群山,实施正面和平行追击。东方面军各次战役都以规模大为特点。这些战役是在 500~1000 公里正面以平均每昼夜 10~12 公里的速度实施的。追击时的进攻速度每昼夜达 30 公里,在个别场合则达 60 公里。游击队对苏军正规部队的配合和高尔察克后方的工人起义,以及使用快速(骑兵)集群和"搭载"(乘大车)步兵,促成了进攻的高速度。

波格丹·赫梅利尼茨基勋章

为保持原步兵第 25 师及其久负盛名的师长、内战英雄恰帕耶夫的战斗传统和功绩,1964 年以他的名字命名了原近卫步兵第 25 师。

近卫步兵第 25 师是一个值得所有人们都感到骄傲的队伍。曾荣获苏沃洛夫勋章和波格丹·赫梅利尼茨基勋章的近卫红旗锡涅利尼科沃—

布达佩斯步兵师，1942年4、5月间在近卫红旗步兵第2旅基础上组建于加里宁州，番号为近卫红旗步兵第25师。编有近卫步兵第73、78、81团，近卫炮兵第53团等部队。编入最高统帅部大本营预备队第2集团军。7月中旬，转隶沃罗涅日方面军第6集团军，并在博布罗夫地域沿比秋格河左岸开始构筑防御阵地。8~9月间，参加夺取顿河登陆场

顿　河

的进攻战役并参加肃清该河左岸德国法西斯军队的战斗。1943年1至2月，在沃罗涅日方面军第40集团军编成内参加奥斯特罗戈日斯克·罗索什和沃罗涅日—卡斯托尔诺耶两次进攻战役。哈尔科夫进攻战役中，协同其他兵团收复哈尔科夫。1943年3月，全师官兵先后在沃罗涅日方面军坦克第3集团军和西南方面军第6集团军编成内作战，表现英勇

"反白"骨干

顽强并发挥了高超的战斗技能。近卫步兵第78团第8连的一个步兵排在塔拉诺夫卡地域战斗中，立下显赫战功，该排25名军人荣获苏联英雄称号（多为追认）。

1943年，在顿巴斯进攻战役中，恰帕耶夫参加收复洛佐瓦亚的战斗和锡涅利尼科沃的战斗。因在锡涅利尼科沃攻坚战斗立下战功，荣获锡涅利尼科沃师荣誉称号。9月末，该师各部进至第聂伯河并强渡该河，在阿列克谢耶夫卡地域夺取了登陆场。10月23日起，在乌克兰第3方面军近卫第8集团军编成内在克里沃罗格方向实施进攻战斗。12月中旬，恰帕耶夫转隶乌克兰第2方面军第53集团军。1944年1月上半月，他参加基洛夫格勒进攻战役，1月末至2月参加科尔孙·含甫琴柯

布拉迪斯拉发一景

夫斯基进攻战役，3至4月初参加乌曼·博托沙尼进攻战役。科尔孙·

"反白"骨干

含甫琴柯夫斯基进攻战役中，恰帕耶夫因全师官兵表现英勇顽强，并出色完成指挥部赋予的各项战斗任务，荣获二级波格丹·赫梅利尼茨基勋章。

雅西—基什尼奥夫进攻战役中，恰帕耶夫最初被编入第53集团军第2梯队，该集团军受命在福克沙尼方间发展进攻。8月末，该师歼灭了被围困在基什尼奥夫西南地域的法西斯德军集团。完成任务后，调方面军预备队。11月末，被编入近卫第7集团军，在其编成内顺利作战直至战争结束。1944—1945年的布达佩斯进攻战役中，全师官兵在攻克匈牙利首都的战斗中立下战功。为此，恰帕耶夫荣获布达佩斯师荣誉称号。1945年3月末—5月初，布拉迪斯拉发·布尔诺进攻战役中，所属各部队顺利实施进攻战斗。4月4日协同集团军其他兵团，经激烈战斗，攻占斯洛伐克首都——布拉迪斯拉发。因全师官兵在上述战斗中表现英勇顽强，并发挥了高超的战斗技能，荣获二级苏沃洛夫勋章。在布拉格进攻战役中，恰帕耶夫结束了自己的战斗历程。

苏德战争年代，全师有8000余名将士立下战功，获得各种勋章和奖章，其中77名军人类获苏联英雄称号。

战后时期，近卫步兵第25师改编为摩托化步兵师。恰帕耶夫因在军政训练中成绩优异，1970年荣获苏共中央、苏联最高苏维埃主席团和苏联部长会议颁发的列宁诞辰纪念奖状。这是恰帕耶夫戎马一生的荣耀。

人物春秋

伏龙芝的荣耀

格列奇科（1903—1976），苏联军事活动家。生于罗斯托夫州的一个农民家庭。

格列奇科在16岁了参加的时候就苏联红军，在布琼尼指挥的第1骑兵集团军第11骑兵师当列兵。从此以后，他便与马结下了不解之缘。1922年，格列奇科被送入骑兵学校学习。1926年毕业后，在莫斯科军区任骑兵排长。他把在学校4年学得的知识，灵活应用到实战和训练之中，颇受领导重视，很快升为营长，又被选送到伏龙芝军事学院深造。1928年加入苏联共产党。1936年，他以优异的成绩毕业于伏龙芝学院。1938年10月，他担任了白俄罗斯特别军区骑兵师参谋长。1939

格列奇科

年 9 月参与进军波兰东部地区。

卫国战争初期，格列奇科在总参谋部工作。1941 年 7 月，根据本人请求调往西南方面军，任独立骑兵第 34 师师长。该师在普里卢基市地区组建后，于 8 月上半月在基辅以南投入同德军的战斗，至 1942 年 1 月先后在第 26、第 38 和第 6 集团军编成内，参加了第聂伯河左岸乌克兰地区的作战。1942 年 1 月 18 日，格列奇科任骑兵第 5 军军长，参加了巴尔文科沃—洛佐瓦亚进攻战役。1942 年 3 月 12 日起，他任战役军队集群司令，在南方面军编成内同顿巴斯地区的优势之敌进行顽强作战。1942 年 4 月 15 日起他任第 12 集团军司令，担负伏罗希洛夫格勒方向的防御任务后，该集团军积极参加了高加索战役。

1942 年 9 月格列奇科任第 47 集团军司令，该集团军阻止了敌军通过新罗西斯克沿黑海沿岸向外高加索的推进，使敌人未能据有新罗西斯克港口。1942 年 10 月 19 日，格列奇科调任第 18 集团军司令，该集团军遏止了敌人的进攻，并于 11 月以部分兵力成功地实施了歼灭企图翻越高加索主山脉的敌塞马施集团的战役。

1943 年 1 月外高加索方面军转入总攻后，1 月 5 日起格列奇科任第 56 集团军司令，指挥该集团军在黑海军队集群地带内担任主要突击，经过激烈战斗，突破敌军坚固防御，前出至克拉斯诺达尔接近地。2～4 月，第 56 集团军在北高加索方面军编成内，参加克拉斯诺达尔进攻战役。9 月，第 56 集团军在新罗西斯克－塔曼战役中，同第 9 集团军和第 18 集团军协同，解放了塔曼半岛。粉碎库班河流域的德国法西斯军队之后，10 月 16 日被任命为沃罗涅日方面军（10 月 20 日改为乌克兰第一方面军）副司令，参加解放乌克兰

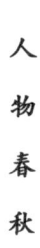

首都基辅的作战。

1943年12月15日，格列奇科调任近卫第一集团军司令，任此职直

库班河一景

至战争结束。12月24日，该集团军编入方面军主要军队集团，转入进攻，解放了日托米尔，并在日托米尔-别尔季切夫战役中向前推进了180公里。不久后，他领导近卫第1集团军参加了1944年普罗斯库罗夫-切尔诺维策战役进攻，在卡缅涅茨—波多利斯克市地域参加了合围和粉碎敌坦克第1集团军的作战。1944年近卫第1集团军在利沃夫-桑多梅日战役中，连战皆捷。1944年8月5日，该集团军编入乌克兰第4方面军。1944年9至11月，参加东喀尔巴阡战役，同第38集团军和第18集团军一起越过东喀尔巴阡山脉，从德军手中全部解放了乌克兰外

喀尔巴阡地区，并进抵捷克斯洛伐克境内。1945年1月，在西喀尔巴阡战役中，近卫第1集团军从北面绕过塔特拉山，通过波兰南部地区向捷克斯洛伐克的摩拉瓦－俄斯特拉发工业区突进。在摩拉瓦－俄斯特拉发进攻战役中，突破敌军坚固的防御地区，于4月30日同第38集团军一道解放了大工业中心摩拉瓦－俄斯特拉发市。继而从捷克斯洛伐克东部边境一直打到布拉格，于1945年5月又参加了粉碎德军的布拉格战役。卫国战争时期，格列奇科指挥历次战役，一向作战意图大胆，且为实施其意图坚定不移。

今日布拉格一景

格列奇科于1945—1953年任基辅军区司令，1953年任苏军驻德军队集群总司令并晋升为大将，1955年荣升为苏联元帅。1957年11月至1960年任苏联国防部第一副部长兼陆军总司令，1960年任苏联国防部第一副部长兼华沙条约缔约国联合武装部队总司令，1967年4月任苏

联国防部部长直至他病逝。

和平年代中,作为一名普通的人,格列奇科为我们展示了苏联卫国战争中元帅们生活中的另一面。

格列奇科还很爱一脸严肃地开"元帅式"的玩笑。一次,在大战役的间歇,将军们正在进餐,有人想活跃气氛,就念了《星火》周刊中的一则消息,说一位妇女在吃饭时不小心吞咽下一把叉子。怎么可能发生这样的事情,就餐的将军们争执不下。格列奇科看了一眼自己的叉子,摇摇头说,"如果苏军战士吞咽下叉子,我就会签署一道命令,禁止使用叉子,全军,包括将军在内,一律都改用中国筷子。"将军们不知道该不该哈哈大笑,于是大家有礼貌地微笑了一下。

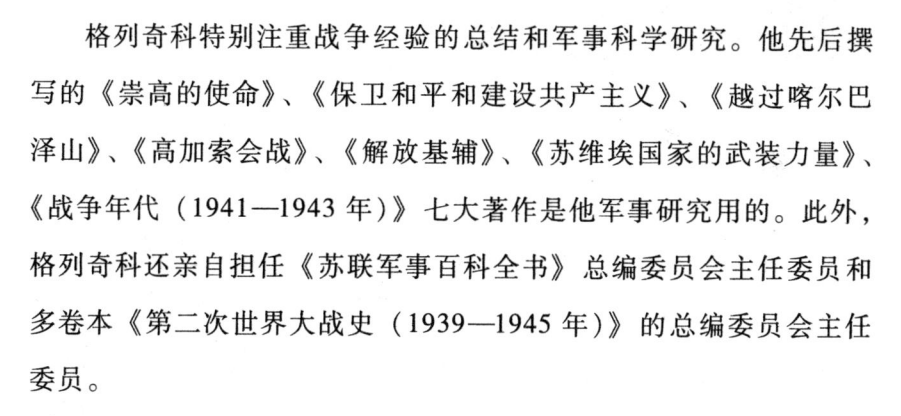

格列奇科特别注重战争经验的总结和军事科学研究。他先后撰写的《崇高的使命》、《保卫和平和建设共产主义》、《越过喀尔巴泽山》、《高加索会战》、《解放基辅》、《苏维埃国家的武装力量》、《战争年代(1941—1943年)》七大著作是他军事研究用的。此外,格列奇科还亲自担任《苏联军事百科全书》总编委员会主任委员和多卷本《第二次世界大战史(1939—1945年)》的总编委员会主任委员。

格列奇科十分重视现代条件下的部队训练。他认为:"在现代条件下,部队训练和教育的主要任务是培养每个军人和陆海军每个集体的战斗素质、政治素质、心理素质和身体素质,并使之融为一体,以便在此基础上练出高超的战斗技能,养成坚忍不拔的精神,树立随时准备接受任何战争考验的决心,培养在最复杂的条件下保持战斗积极性和夺取胜利的坚定意志。"在武器装备发展方面，他认为："对发展常规武器来说，重要的是探索如何进一步改进它们的战斗性能。首先要扩大它们可进行的任务的范围，增大它们的射程，提高它们的火力强度、射击精度、机动性、快速性、生命力、可造性和在遭到干扰时作用的稳定性，以及简化它们的使用方法等等。"格列奇科的这些观点在20世纪的70~80年代，一直指导着苏联武装力量的建设。

但是在中苏边界武装冲突中，苏联鹰派的代表人物格列奇科极力主张对我国进行所谓的"外科手术式核打击"，甚至曾经一度拉拢总书记勃列日涅夫，如果不是以苏斯洛夫和柯西金为首的主和派最终说服勃列日涅夫，格列奇科就会成为对中国人民犯下滔天罪行的战犯。

格列奇科于1945—1953年任乌克兰共产党中央政治局委员，多次当选为党的代表大会代表，1952—1961年为苏共中央候补委

列宁勋章

一级库图佐夫勋章

员，1961年起为苏共中央委员，1973年4月起为中央政治局委员。他还是苏联第二届和第四至九届最高苏维埃代表。他1969年荣获捷克斯洛伐克社会主义共和国英雄称号。格列奇科共获6枚列宁勋章，3枚红旗勋章，2枚一级苏沃洛夫勋章，2枚一级库图佐夫勋章，2枚一级波格丹·赫梅利尼茨基勋章，1枚二级苏沃洛夫勋章，各种奖章及外国勋章多枚，1件荣誉武器。

1975年5月我们看到新命名的格列奇科海军学院，大概是对格列奇科一生海军事业成就的最好认可。

1976年4月26日，格列奇科在莫斯科病逝，享年73岁。

勇者无敌

谢尔盖·谢苗诺维奇·比留佐夫（1904.8.8—1964.10.19）是苏联著名的军事家，苏联元帅，苏联英雄。

比留佐夫生于梁赞州斯科平市。7岁的时候成了孤儿。13岁时开始独立劳动生活，当过农业工人和伐木工人。后志愿参军。1922年参加苏军。曾在莫斯科无产阶级师任排长、连长、步兵营长。1926年加入苏联共产党。毕业于全俄中央执行委员会军事学校（1926年）和伏龙芝军事学院（1937年）。1937年，比留佐夫被任命为哈尔科夫军区步兵师参谋长，不久升任该军区司令部作战部长。1939年任步兵第132师师长。是一位训练有素的兵团

比留佐夫

指挥员。

在卫国战争初期，比留佐夫指挥步兵师在西南方面军和布良斯克方面军内进行了胜利作战。他不但精于战术，且勇而有谋，指挥该师在被包围的情况下坚持战斗并得以突围。1942年5月，比留佐夫任布良斯克方面军第48集团军参谋长。同年12日被任命为大本营预备队近卫第2集团军参谋长，领导集团军司令部成功地对军队进行了战役指挥，粉碎了德军企图从科捷利尼科沃地域实施突击的一个集团军级集群，该敌集群此举的目的在于为斯大林格勒城下陷入包围的德军解围。

1943年4月，比留佐夫升任南方面军（10月起为乌克兰第四方面军）参谋长，他在任职期间表现出高度的组织才能和善于计划并保障实施大型战役的本领，在组织南方面军和乌克兰第四方面军解放顿巴斯、北塔夫里亚和克里木的作战中有很大功绩。他参加组织和实施了梅利托波尔战役和尼科波尔－克里沃罗格战役，使德军遭到惨重失败。在制定1944年克里木战役计划时，领导乌克兰第四方面军司令部提出了在锡瓦什湖方向上集中主力的建议，使进攻开始后的头几天就已突入到德军在彼列科普地峡构筑的防御阵地后方。后在强攻塞瓦斯托波尔时，又对方面军各集团军实施了坚定

今日克里木半岛一景

指挥，这样就保障了各集团军之间的密切协同。

　　1944年5月，比留佐夫任乌克兰第三方面军参谋长，领导司令部制定了1944年8月的雅西－基什尼奥夫战役计划，准备并实施了军队战役伪装措施的庞大计划，成功地组织了与乌克兰第二方面军各兵团及海军的协同，并在解放罗马尼亚、保加利亚及在贝尔格莱德战役中，保障了对方面军部队的不间断指挥。他所领导过的司令部的工作，具有高度的组织性，拟制的作战文书质量高，贯彻决心及时、坚决。贝尔格莱德进攻战役胜利结束后，被任命为第37集团军司令和保加利亚军队总军事顾问。

保加利亚一景

　　战后，比留佐夫担任过许多高级指挥职务。1946—1947年任南部

军队集群副总司令兼盟国对保加利亚管制委员会副主席。1947—1953年任滨海军区司令。1953—1954年任中部军队集群总司令。1954—1955年任国土防空军第一副总司令。1955—1962年任国防部副部长兼国土防空军总司令。1962—1963年任国防部副部长兼战略火箭军总司令。1963—1964年任国防部第一副部长兼武装力量总参谋长。在主持武装力量的重要领导部门期间，对加强苏军建设，特别是在组建和发展国土防空军与战略火箭军方面，做了大量工作。亲自领导准备和实施了许多大型演习，直接参加拟订和贯彻各军、兵种新的组织与战斗使用原则。撰写和编辑了许多军事科学著作。1956—1961年，比留佐夫为苏共中央候补委员，1961年起为中央委员。比留佐夫是苏联第二届和第四到第六届的最高苏维埃代表。

1962年秋冬之交，苏美两个超级大国在加勒比海地区进行了一场被称为"古巴导弹危机"的核对抗，几乎把人类投入热核战争的深渊。

当时作为火箭部队司令的比留佐夫元帅经历了这场令他都感到害怕的特殊的战争。

20世纪80年代末90年代初，美国、苏联和古巴曾参与决策的部分官员和研究国际问题的学者一起举行了5次讨论会，不仅披露了许多鲜为人知的材料，而且对那次危机的发生得出了重要的结论：所有三个国家在危机前所作的决定，都是由于错误的信息、错误的判断和错误的考虑而导人歧途。现在，苏联和美国有关危机的档案都已解密。本文试图利用这些新材料对那次危机作一评述。

第二次世界大战后，美苏两国把世界分裂成两个对立的阵营，在各个领域进行着你死我活的对抗。1959年古巴革命在美国的后院取得胜利，美国对卡斯特罗领导的革命政权采取了敌对态度，经济上封锁禁运，外交上孤立，政治上设法颠覆。1961年4月中旬，肯尼迪总统批准了中央情报局组织古巴流亡分子入侵古巴的行动。美国和古巴关系的恶化促使卡斯特罗转向苏联和社会主义体系，这就为苏联插足古巴和拉丁美洲提供了机会。

1961年4月，美国支持流亡分子入侵古巴猪湾失败，肯尼迪撤换了应对这次失败负主要责任的中央情报局局长。6月3日到4日美苏两国首脑在维也纳会晤时，肯尼迪向赫鲁晓夫表示，那次入侵是个错误。猪湾战败后，肯尼迪决定对古巴执行比较谨慎的政策，由直接入侵转向外交上孤立和经济上封锁。

既然美国并没有入侵古巴的计划，赫鲁晓夫为什么要把导弹核武器运进古巴呢？赫鲁晓夫在回忆录中一再辩解："我们确信猪湾入侵仅仅是个开头，美国人是不会放过古巴的。"因此，他决心要采取一些决定性步骤来保卫古巴。他认为："合乎逻辑的回答就是导弹。"

促使赫鲁晓夫把导弹运进古巴的还有一层更本质的原因，那就是要达到在冷战中同美国的军事战略上的平衡。赫鲁晓夫执政时期，苏联在导弹技术和核武器的试验、制造和储备方面都有了长足的发展。但是，

肯尼迪

直到 20 世纪 60 年代初，苏联同美国相比仍然存在着很大差距。据美国前国防部长麦克纳马拉提供的数字，美国当时拥有 5000 个核弹头，苏联仅有 300 个。而且，美国在意大利、西德、土耳其都部署着针对苏联的导弹。1962 年 5 月，赫鲁晓夫和国防部长马利诺夫斯基在保加利亚黑海边散步，马利诺夫斯基指着大海的那一边对赫鲁晓夫说，那一边，在土耳其有美国的一个导弹基地，从这个基地发射的导弹可以在 6～7 分钟内消灭我国西部重镇基辅、哈尔科夫以及海军基地塞瓦斯托波尔。赫鲁晓夫当即问："为什么不能把我们的导弹放到古巴去呢？"

黑　海

赫鲁晓夫在回忆录中说："如果我们秘密地（在古巴）装置导弹，如果导弹已经装好可供发射之后才被美国发现，美国人在试图用军事手段摧毁我们的设备之前，就得仔细考虑考虑。我们知道美国能够毁掉我们的某些装置，但不是全部。如果有四分之一，甚至八分之一的导弹留下来即使只留下一两个大的导弹我们仍能够击中纽约，而纽约必将所剩无几。"

赫鲁晓夫派苏联火箭部队司令比留佐夫元帅和新任命的驻古巴大使阿列克谢耶夫等秘密去哈瓦那同古巴领导人会商，卡斯特罗表示同意。苏古两国政府代表草拟过一份协议，基本原则是，导弹本身及其操纵，完全处于苏联军事人员的管辖之下。

赫鲁晓夫要在极为秘密的情况下把导弹运进古巴，并在11月4日美国议会选举之前迅速装置起来，使美国人在既成事实面前，除了吞下这颗苦果之外别无选择。还在同古巴政府协商部署导弹协议的时候，在7月份苏联就开始了向古巴运送导弹和军事人员的行动。为了掩饰这一切，苏联采取了一系列转移美国及其他西方国家视线的伎俩，尽可能不使美国产生怀疑。

哈瓦那一景

8月底，西德的情报机关给美国提供了第一批信息，流亡在美国的古巴人也从国内亲人的信件中得到消息：苏联人运来了"奇怪的武器"。9月4日，美国政府发表一项声明，证实了报纸上关于苏联在古巴设置防空导弹、运载导弹的汽艇以及运来3500名苏联技术人员的报道，声明指出：美国决不能容忍把进攻性的地对地导弹或其他进攻性武器运进古巴。9月11日，苏联政府授权塔斯社发表声明，声称苏联船只是装运"给古巴人民的

今日古巴繁荣景象

日用品和食物"。但也承认"应古巴政府的请求，还装着一定数量的武器，以及训练古巴人使用武器的军事专家和技术人员"。

9月18日，当美国通过u-2高空侦察机拍照掌握了古巴的导弹秘密并正在秘密讨论对策时，苏联外交部长葛罗米柯参加联合国大会后专程访问了华盛顿，同肯尼迪和国务卿腊斯克进行了会谈。葛罗米柯保

证，苏联运往古巴的武器都是防御性的。肯尼迪和腊斯克反驳："目前，形成的局势恐怕是第二次世界大战结束以来最危险的形势。"

再次回忆这段历史，值得全人类反思。

美国华盛顿

比留佐夫获5枚列宁勋章，3枚红旗勋章，一级、二级苏沃洛夫勋章、一级库图佐夫勋章和一级波格丹·赫梅利尼茨基勋章各1枚，奖章及外国勋章多枚。南斯拉夫人民英雄（1964年）。索非亚市荣誉公民。

比留佐夫是一个要求严格的人，有时甚至过于严厉，他不能容忍反对的意见。他不喜欢坐在屋子里，而是把大量时间花在部队里。他有时过分要求把指挥部队行动的权利集中在自己手中。但无论如何，他很善于选拔和组织他所领导的参谋人员，他努力培养部属的参谋业务能力，使之达到很高的水平，他自己有出色的拟制作战文书的本领，在参谋工作中他能做出表率。

比留佐夫不仅是战场上的英雄，而且很有写作才华。他的著作有：《火炮轰鸣的时候》，莫斯科1962年版；《苏联士兵在巴尔干崇山峻岭》，莫斯科1963年版；《严酷的年代（1941—1945年）》，莫斯科1966年版。

比留佐夫在南斯拉夫阿瓦拉山（贝尔格莱德附近）的飞机失事中遇难，该地为比留佐夫为首的苏联代表团死难者建立了纪念碑。葬于莫斯科红场克里姆林宫墙下。

一级波格丹·赫梅利尼茨基勋章

走进科学的殿堂

传奇英雄传奇一生

谢苗·米哈伊洛维奇·布琼尼（1883.4.25—1973.10.26），毕业于伏龙芝军事学院。苏联著名骑兵统帅，国内战争和卫国战争的著名英雄，曾担任过西南方向总司令、北高加索总司令等，军衔升至苏联陆军元帅。

1883年4月25日，布琼尼出生在俄国南部罗斯托夫州科久林村的贫农家庭，他的童年过得非常艰辛，从小繁重的劳动和与贫苦人民的共同生活，就造就了布琼尼开朗、勇敢、坚毅的性格。1903年秋，布琼尼应征，当上了年轻人引以为自豪的骑兵。

布琼尼

1904年1月，随顿河哥萨克骑兵第46团来到中国东北参加日俄战争，战争结束后，调到滨海龙骑兵团，驻扎在符拉迪沃斯托克（海参崴）

附近。1907年1月，派往彼得堡骑兵学校学习。1908年毕业后，又回到龙骑兵团。第一次世界大战中，布琼尼曾先后在波兰、德国、奥地利和高加索等地作战。1917年俄国二月革命后，布琼尼被全连一致推选为连士兵委员会主席，在全团大会上被选为团士兵委员会主席，接着又被选为师士兵委员会副主席。在明斯克市驻防期间，他结识了西方面军布尔什维克党组织的领导人伏龙芝。伏龙芝对布琼尼世界观的形成和人生道路的选择产生了重大的影响。十月革命爆发后，高加索骑兵师士兵委员会作出了该师复员解散的决定，布琼尼于当年11月回到了家乡。不久，他即同战友们一起在当地建立起了苏维埃政权。随后，布琼尼以他对巩固新生苏维埃政权的高度责任感，和对军旅生活的酷爱，在家乡组建了骑兵游击队。由于他的努力，部队逐渐扩大为骑兵团、骑兵旅、在察里津战役中，布琼尼指挥一个骑兵旅把敌人打得落花流水，表现了一个杰出的骑兵指挥员的才干，获得联共派驻察里津地区的最高领导斯大林的赏识，荣膺红旗勋章。部队扩编为第一骑兵军，他作为军长，和军政委伏罗希洛夫，炮兵主任库利克，师长铁木辛哥、罗科索夫斯基、团长朱可夫等成为斯大林在红军中最信赖的将领。

十月革命胜利后，布琼尼回乡组建苏维埃政权，被选为萨利斯克区苏维埃执行委员会委员。在外国武装干涉和国内战争时期，首先创建骑兵部队，1918年春同其他部队合并。随后，以此为基础组建正规骑兵团、骑兵旅和骑兵师，布琼尼历任副团长、团长、旅长、师参谋长、师长等职。1918年底到1919年初，布琼尼指挥特别骑兵师编成的一个旅参加著名的察里津保卫战。

1919年3月，布琼尼光荣的加入了苏联共产党，1919年6月他出任骑兵军军长。布琼尼率领骑兵军于 1919 年 8 月在顿河上游粉碎弗兰格尔的高加索集团军和苏图洛夫的"起义"集群的主力，同年 9 月又击溃马蒙托夫和什库罗的哥萨克师，攻占沃罗涅日，从而封锁了莫斯科方向红军阵地的宽达 100 公里的缺口。以后布琼尼率部强渡顿河，再败

库尔斯克战役

什库罗。这些胜利显露了布琼尼的军事才能。为了表彰布琼尼在这次作战中的功绩，全俄中央执行委员会再次牛农对授予他红旗勋章和革命荣誉武器。邓尼金军队在奥廖尔、库尔斯克、沃罗涅日和卡斯托尔纳亚的失败，加速了苏俄红军彻底粉碎顿河和乌克兰之敌的进程。为了分割俄罗斯南部之敌，1919 年 11 月成立第 1 骑兵集团军，布琼尼任集团军司令，伏罗希洛夫任革命军事委员会委员。他们率部通过顿巴斯向罗斯托夫发起迅猛攻击，出色地完成了任务。此后，该集团军在国内战争的许

多战线上都被用于战略机动。布琼尼和他带领的部队名声逐渐响亮，布琼尼成为了苏联国内战争时期的著名将领之一。

邓尼金（1872—1947）的对手作为布琼尼，曾任俄国临时政府总参谋长，西方战线和西南战线司令。

十月革命后在北高加索和顿河流域南部掀起了叛乱，1919年春当高尔察克向苏维埃政权发动进攻时，邓尼金也同时呼应。高尔察克失败后，协约国给邓尼金大量的人力物力援助，帮助邓尼金训练15万军队。1919年6月，邓尼金兵分3路向北进犯，占领塞瓦斯托波尔和察里津。

哈尔科夫战争胜利后的景象

7月3日，邓尼金发布进攻莫斯科的命令，8月底占领基辅和乌克兰大部分地区。9月3日，再次发出进攻莫斯科的命令。20日，占领库尔斯克。10月中旬，又占领奥廖尔、库图拉，离莫斯科只有200多公里。

走进科学的殿堂

在这紧急关头,俄党中央于7月9日发布列宁起草的公开信《大家都去与邓尼金作斗争!》,并于9月26日开始征收党员周活动,有20多万名优秀工农分子入党并大部奔赴前线。南方战线司令员叶戈罗夫和军事委员斯大林日夜筹划反击。10月11日,红军集中优势兵力转入全线反攻,邓尼金自卫军进攻遭失败。至11月,红军解放奥廖尔、库尔斯克、哈尔科夫和基辅。

1920年初,图哈切夫斯基指挥高加索战线红军击溃邓尼金主力,进入北高加索。邓尼金逃往国外,其残部由弗兰格尔率领逃到克里木半岛。协约国组织的以邓尼金为主力的对苏维埃俄国的第二次进攻终于彻底失败。

克里木半岛风景

正是布琼尼领导的反击促成了邓尼金的失败。

1919年底和1920年初，红军向邓尼金的军队发动了总攻。布琼尼指挥的第1集团军组成快速战役战略集群，向哈尔科夫、顿巴斯、罗斯托夫和亚速海方向实施迅猛的突击，把邓尼金的主力分割为两部分，尔后协同南方面军的另2个集团军予以各个歼灭。1920年4、5月间，布

迈科普一景

琼尼的部队遵照列宁指示用了50天的时间，从北高加索的迈科普跃进到乌克兰的乌曼，实施史无前例的1000多公里的战略机动，投入对波兰干涉军的作战。6月5日，布琼尼集中主力一举突破波军坚固的防御阵地，以迅雷不及掩耳之势突入敌纵深120~140公里，前出到波军第3集团军的后方，迫使波军于6月11日撤离乌克兰首都基辅，从而为把波军逐出苏维埃国土奠定了基础。6月12日，会同其他部队收复基辅。8月，和伏龙芝、伏罗希洛夫一起制定了歼灭乌克兰南部弗兰格尔军的作战计划，并指挥骑兵集团军以迅猛突击从卡霍夫卡登陆场切断了弗兰格尔军同克里木地峡的联系，与方面军其他部队协同作战，在北塔夫里

亚彻底摧毁弗兰格尔军。列宁曾称赞布琼尼为世界上最杰出的骑兵统帅；伏龙芝在评价骑兵第1集团军的作用时说道："在我们的军队里，没有其他部队能够这样充分、这样鲜明、这样深刻地在他们自身和他们的行动中反映出国内战争的全部特点、整个红军的性质，它的历次战役将永远以光辉的篇章载人骑兵史册。"

在紧接着的华沙战役期间，由于图哈切夫斯基表示他的西方面军包打华沙，作为西南方面军的先锋的布琼尼第一骑兵集团军转兵西南攻打利沃夫，结果图哈切夫斯基在华沙战败，为了战败的责任问题，争论了很久，由此造成了两个方面军将领的交恶，埋下了大清洗的伏笔。1920年，第一骑兵集团军再次席卷南乌克兰和克里米亚，彻底消灭了弗兰格尔白卫军，胜利的结束了国内战争。

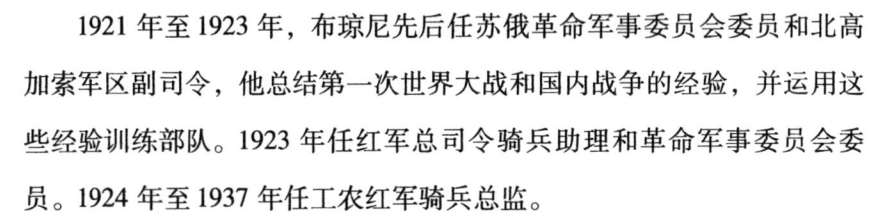

1921年至1923年，布琼尼先后任苏俄革命军事委员会委员和北高加索军区副司令，他总结第一次世界大战和国内战争的经验，并运用这些经验训练部队。1923年任红军总司令骑兵助理和革命军事委员会委员。1924年至1937年任工农红军骑兵总监。

20世纪30年代初，苏联红军进行了重大军事改革，不仅装备更新，组织体制和军事理论也有了新发展。布琼尼意识到，要做好工作，不仅需要经验，而且需要掌握更深刻的军事理论知识。于是，他要求到伏龙芝军事学院学习，得到斯大林的支持。他一面工作，一面勤奋刻苦的学习，1932年毕业。1935年被授予苏联元帅军衔。在此期间，他对红军建设，尤其是骑兵的建设和训练，作出了不可磨灭的贡献。他认真研究总结了第一次世界大战和国内战争的经验，积极参加了多卷集《苏联国内战争史》的编写工作，撰写《骑兵兵团战术基础》、《红色骑兵

文集》等著作。1937年至1939年任莫斯科军区司令、苏联国防人民委员部总军事委员会委员和副国防人民委员。1940年8月起任。

1941年6月22日，德国法西斯突然袭击苏联，苏联卫国战争开始。6月23日，苏联统帅部大本营成立，布琼尼成为大本营成员。6月25日，大本营预备队的4个集团军组建成统帅部预备队集团军群，任命布琼尼为司令。当晚，布琼尼未能来得及与家人告别，便急忙赶往司令部所在地布良斯克，立即投入紧张的工作。由于前线战局恶化，7月1日，各预备集团军划归西方面军指挥，铁木辛哥被任命为司令，布琼尼和叶廖缅科被指派为他的副手。

7月9日晚，布琼尼奉斯大林之召返回莫斯科。7月10日，国防委员会将统帅部大本营改组为以斯大林为主席的总统帅部（8月8日，改名为最高统帅部）大本营，布琼尼仍为大本营成员。同日，根据德军进攻所形成的三个主要战略方向，总统帅部成立了作为战略领导机关的各方向总指挥部，任命铁木辛哥为西方向总指挥部总司令，统一指挥西方向苏军的作战；任命伏罗希洛夫为西北方向总指挥部总司令，统一指挥西北方向苏军的作战；任命布琼尼为西南方向总指挥部总司令，统一指挥西南方面军和南方面军的作

斯大林

战行动,并负责黑海舰队的作战指挥。给布琼尼送行时,斯大林强调:无论如何要守住乌克兰首都基辅,但暂时没有预备队,不管多么困难也不用来要。

希特勒对乌克兰的产粮地区和工业地区以及高加索的石油垂涎已久。战争开始后,德国南方集团军群一路击溃苏军抵抗,直奔基辅而来。德军和苏军以攻、守基辅为中心,在广阔的乌克兰战场展开了持续、激烈的基辅战役。这时,布琼尼指挥的西南方面军和南方面军在以前的防御战中,已遭到严重削弱,各方面的力量均不如德军。为守住基辅,布琼尼指挥苏军实施战略防御,顽强死守。在基辅战役的紧急关头,布琼尼一直在担负正面防御的西南方面军指挥所,甚至多次亲临前沿阵地,指挥部队顽强抵抗德军

希特勒

的进攻,并在乌曼地域重创德军。基辅战役正酣之际,希特勒又命令德国中央集团军群所属的古德里安第 2 装甲集群南下,从第聂伯河东岸迂回包围苏军基辅集团,和德国南方集团军群对其实施钳形夹击。苏联最高统帅部建立了以叶廖缅科为司令的布良斯克方面军,令其消灭古德里安装甲集群,但布良斯克方面军未能完成任务。古德里安装甲集群迅速突破布良斯克方面军的防御,进而从苏军基辅集团后方向西南方面军实

施突击。早在 7 月底，苏军总参谋长朱可夫就考虑到在基辅方向双方力量对比悬殊，并洞察到古德里安装甲集群南下的动机和要害，便直截了当地向斯大林提出放弃基辅，将基辅集团撤至后方纵深进行防御，以免遭受重大损失。但斯大林过分相信叶廖缅科关于必定战胜古德里安集团的坚决保证，不同意放弃基辅。

第聂伯河流经基辅

9 月 11 日，为免遭包围，西南方面军首长向大本营请求撤退，但遭拒绝。布琼尼立即向斯大林请示：西南方面军军事委员会认为，有必要允许方面军向后方地区总撤退。布琼尼坚决请求斯大林允许撤退，并建议将西南方面军从第聂伯河撤到后方地区朴肖尔河。但斯大林拒绝布琼尼的请求，并解除布琼尼西南方向总指挥部总司令的职务，由铁木辛哥元帅接任。但铁木辛哥也同样不能挽救基辅的命运,9月15日,德国第1装甲集群、第2装甲集群在苏联西南方面军后方洛赫维齐会师,将西南方面军合围。9月17日,斯大林命令西南方面军突围,但为时已晚。19日基辅失陷,26日西南方面军被歼,约60万人被俘,方面军司令及参谋长等主要领导人均英勇牺牲。9月12日,布琼尼被任命为预备队方面军司令,率部在莫斯科接近地进行防御。为了集中使用从西面掩护莫斯科的部队,并对其实施有效的指挥,苏联最高统帅部于10月20日将预备队方面军并入西方面军,任命朱可夫为方面军司令。布琼尼奉召返回莫斯科,筹划红场阅兵。

红场阅兵

1941年11月7日,在莫斯科处于德军兵临城下的危机时刻,苏联最高统帅部在红场举行了具有历史意义的莫斯科卫戍部队的阅兵式,布琼尼代表最高统帅部对将直接从红场投入战争的部队进行了检阅,斯大林发表了讲话。1941年底，布琼尼奉命帮助库兹涅佐夫准备和实施克里木登陆战役。

为了便于对南方部队实施指挥，苏联最高统帅部于1942年4月21日建立了北高加索总指挥部，任命布琼尼为总司令，统一指挥克里米亚方面军、塞瓦斯托波尔防御地域、北高加索军区、黑海舰队和亚速海区舰队的作战行动。旋即由于苏德战场南翼的情况发生急剧变化，北高加索方向总指挥部被撤销，成立北高加索方面军，布琼尼任司令。1942年7月3日以前，布琼尼以塞瓦斯托波尔防御地域的兵力在该地域进行了防御作战。1942年7月25日至8月5日，布琼尼指挥方面军在顿河下游、斯塔夫罗波尔方向和克拉斯诺达尔方向进行了艰苦的防御交战。1942年7月28日，北高加索方面军和南方方面军奉命合并为北高加索方面军，布琼尼为司令。负责阻止德军继续向南推进，并尽力恢复顿河左岸态势。布琼尼在方面军编成内组建滨海和顿河两个战役集群，分别在克拉斯诺达尔方向和斯塔夫罗波尔方向进行防御。8月至9月间，布琼尼指挥方面军实施了阿尔马维尔·迈科普战役和新罗西斯战役，阻止了德军沿黑海沿岸突入外高加索。

1943年初，布琼尼被从前线召回最高统帅部大本营，任命为苏军骑兵司令和苏联国防人民委员部最高军事委员会委员。为了更好地利用骑兵，布琼尼发布给各方面军的训令，要点是：在军队基本集团的主要突击方向上和与之协同动作时，使用加强骑兵军；要为加强骑兵军配备步兵师、最高统帅部预备队炮兵、火箭炮部队和特种部队；不准使用骑兵兵团单独突击筑垒地区、夺取居民点和在战役机动没有保障的方向进行作战。为了有效使用骑兵，经最高统帅部批准，布琼尼于1943年春

在草原方面军司令部召开了全体骑兵军军长会议，要求在短期内将骑兵师和骑兵军配备齐全，有计划地进行军事训练，组织指挥员作业，以解决如何在行将到来的战斗中更有效地使用骑兵的问题。

布琼尼从来不按照死板公式使用骑兵，主张采用新的灵活的斗争形式，对前线使用骑兵要求十分严格。布琼尼主张骑兵应同坦克、机械化部队配合使用，在有足够的空中支援的情况下，作为临时骑兵机械化军团加以使用。

根据布琼尼的建议，苏联最高统帅部决定建立骑兵机械化集群。布琼尼认为最好的骑兵兵团应是由不少于3个师组成的骑兵军。为了保持骑兵的机动自如，不要使骑兵下马作战去攻占某个战术地区或支撑点，每个军配属1个摩托化步兵师，并且在军编成内还要包括坦克旅和迫击炮部队。1943年至1944年的多次战役证明骑兵机械化集群是行之有效的。1944年正式建立了骑兵机械化集群。

布琼尼还参与制定了几乎所有骑兵参加的进攻战役的计划。

布琼尼还经常亲临各条战线。作为大本营成员，布琼尼积极参与了大规模进攻战役计划的制定与实施。每当涉及有关骑兵问题时，斯大林总是愿意听取布琼尼的意见。

在德军兵临莫斯科城下之际，布琼尼曾经协助斯大林组织庆祝十月革命24周年的红场阅兵。但由于他深受"骑兵永远神圣"的观念影响，对战争的认识在一些方面仍停留在骑兵时代，对当代战争中的新情况认识不足，在第二次世界大战中战绩平平，未能像在国内战争中那样得到高度赞誉。

战后，布琼尼兼任苏联农业部副部长，主管养马业。因年事已高，于1954年起任苏联国防部总监组总监。同时进行大量社会工作，他还关心青少年的成长，热心教育事业。

布琼尼是世界历史上最后一位伟大的骑兵统帅，他被公认为成吉思汗和帖木儿的后继者。

布琼尼为国家的和平和安宁奉献了自己的一生。人生90年中有70年从事戎马生涯，他参加过包括两次世界大战在内的四次大的战争，屡建奇功。他的一生与苏军的历史不可分割，他的功绩受到高度评价。他3次获苏联英雄称号，是1935年成为第一批被授予苏联元帅军衔的将领之一，先后荣膺8枚列宁勋章、6枚红旗勋章、1枚一级苏沃洛夫勋章和多枚外国勋章、奖章。

1973年10月26日布琼尼在莫斯科病逝，终年90岁。

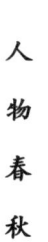

常胜元帅

在二战结束后，美国曾组织德国高级将领们纂写他们在二战中的经历，当向他们问及谁是苏联最杰出的战地指挥官时，绝大多数德军将领所提出的名字是罗科索夫斯基。当代最著名的二战东部战场专家 DavidGlantz 上校在他的著作中对苏德双方将领的态度都相当严厉，即使对于著名的朱可夫和曼斯坦因都时有微词，但他对罗科索夫斯基元帅则推崇备至。

康斯坦丁·康斯坦丁诺维奇·罗科索夫斯基（1896.12.9—1968.8.31），苏联元帅，军事家。

罗科索夫斯基

罗科索夫斯基于 1896 年 12 月 9 日出生在大卢基市。他的祖父是波兰族人，在华沙近郊当过林务员。他的父亲是火车司机，收入颇丰，家境还算不错。他的母亲当过女教师，对罗科索夫斯基和两个女儿的教育十分重视。在罗科索夫斯基4岁的时候，父亲因调动工作，全家迁居华沙。罗科索夫斯基进入安东·拉贡学习。当时，幼小的罗科索夫斯基聪敏好学，对一些英雄传奇故事表现出极大的兴趣。不久之后，父亲工伤病故，母亲为了全家的人生计，担起了养家的重任，从袜厂揽些活儿回来，没日没夜地干，勉强维持计。大姐到纸厂做工，挣几文钱贴补家用。之后，二姐又不幸病逝。尽管生活坚苦异常、母亲依然坚持让儿子继续上学。不幸的是，母亲也在罗利索夫斯基15岁时去世，因此，罗科索夫斯基不得不辍学进厂当工人。

华沙一景

1912年，华沙工人举行了大规模的罢工和示威游行。罗科索夫斯

走进科学的殿堂

基加入了工人斗争的行列。在一次与宪兵的冲突中,他被抓进监狱。两个月的铁窗生活使他有机会接触到布尔什维克。出狱后,他被工厂解雇。16岁的少年到了他姐夫开的一个石坊里当起石匠学徒。

1914年7月28日,在奥匈帝国向塞尔维亚宣战的当天,俄国卡尔戈波尔龙骑兵第5团开进华沙。身高体壮的罗科索夫斯基虚报了两岁,谎称20岁,得以按规定年龄加入该团,被分到骑兵6连。1917年十月革命爆发后,卡尔戈波尔团站到了苏维埃政权一边。年底,罗科索夫斯基与团里的大部分龙骑兵加入了红军卡尔戈波尔分队。不久,他被选为副队长。内战中,罗科索夫斯基随分队转战南北,为保卫年轻的苏维埃政权,同白军进行了艰苦卓绝的战斗。

1918年9月,红军第3集团军乌拉尔第3师组建乌拉尔骑兵第1团。罗科索夫斯基担任了骑兵团第一骑兵连连长。1919年3月7日,他加入苏联共产党。5月底,骑兵团分编成两个骑兵营,他被任命为乌拉尔独立骑兵第2营的营长,指挥近500名骑兵。1919年11月,罗科索夫斯基获得他在红军中的第一次奖赏——红旗勋章。在内战中,罗科索夫斯基屡建奇功,多次获奖。

红旗勋章

1924年9月,罗科索夫斯基进入列宁格勒高等骑兵学校进修。1926年9月,进修班结业后,他被派回外贝加尔。他先后担任了骑兵

团长、代旅长。不久被派往蒙古人民共和国担任蒙古人民革命军骑兵第1师的教官。1928年9月归国后，他被任命为库班骑兵独立第5旅旅长兼政治委员。1929年1月，他又进莫斯科高级军官进修班进修了2个月。又入伏龙芝军事学院高级首长进修班深造。

1930年任苏联第7骑兵师师长，后改任苏联第15骑兵师师长。

1932年2月，库班第5旅扩编为骑兵第5师，他升任师长。由于训练工作成绩突出，他荣获了列宁勋章。1935年9月红军采用军衔制，罗科索夫斯基领师级军衔。

普斯科夫一景

1936年任苏联第5骑兵军军长，离开了服务多年的偏远的外贝加尔地区，来到军部所在地——俄罗斯的古老城市普斯科夫。

走进科学的殿堂

1937年8月，正是罗科索夫斯基大受重用之时，他突然遭到逮捕。有人指控他与波兰和日本的谍报机关有瓜葛。经过两年半的审查，查明所控不实，他官复原职，又回到骑兵第5军。这时第二次世界大战已经爆发。苏联正处于希特勒入侵的前夕。

1940年下半年，苏联开始组建机械化部队。基辅军区建立了几个机械化军。年底，罗科索夫斯基调离了骑兵部队，担任了基辅军区机械化第9军军长。

基辅风光

1941年6月22日凌晨，希特勒对苏联发动了突然袭击。德军越过边界，分三路长驱直入。苏军作战准备不足，仓促应战，无法阻止德军的推进，全面败退。罗科索夫斯基所部第9机械化军（属西方方面军）

与德军的第一次交战是在卢茨克以南进行的。当时，罗科索夫斯基奉命组织强有力的进攻以抑制德军的攻势。命令是针对装备齐全并且供应充足的机械化部队下达的。出于第9机械化军正处于筹建阶段，装备奇缺，总共只有200辆坦克，而且大多是旧式坦克。在德军的强劲攻势之下，罗科索夫斯基与方面军司令部及友邻部队失去了联络，很快陷入被包围的境地。但是罗科索夫斯基临危不乱，镇定自若，面对复杂的局势迅速作出正确的判断：交战对方是装备精良的德国南方集团军群所属的第6集团军，在人员数量和武器装备方面都占有绝对优势，因而，第9机械化军的主要目标应该是尽可能多地保存实力，将部队带出包围圈。罗科索夫斯基果断地作出决定，改变方面军司令部下达的计划，由进攻转为防御，以坚强的防御来消耗敌军的有生力量。他利用部分部队牵制德军的大部分力量，并伺机将主力调出包围圈。罗科索夫斯基在卢茨克以南的作战行动，为苏军组织基辅防御战赢得了时间，因而获得红旗勋章。

1941年7月11日，罗科索夫斯基调任西方方面军第16集团军司令，率部参加斯摩棱斯克交战（1941年7月10日-9月10日）。

卢茨克一景

再次显露出他的指挥才华。在这次交战中，罗科索夫斯基率部进行的反坦克战给人留下了深刻的印象。罗科索夫斯基将火炮布置在德军坦克难以到达的地方，以强大的侧翼火力打击进攻中的敌人。同时，利用坦克和大地构成防御据点，直接向突破前沿防御后进入纵深地区的德军坦克开火。这种多方位、多层次的防御形成了密集的火力网，德军坦克在遭受惨重损失后被迫后退。罗科索夫斯基的这种反坦克防御战在莫斯科会战中得到进一步发展，并在战后制定的战斗条令中得到反映。

1942年10月初，罗科索夫斯基任顿河方面军司令，参加斯大林格

斯大林格勒保卫战

勒保卫战，他带领方面军同保卢斯所部第6集团军展开激战。在防御阶段，他采取积极行动，经常派出小股部队骚扰德军，使其始终处于紧张状态，总觉得有发生重大战役的可能。这一守中有攻、被动中争取主动

的战术收到了明显的效果，德军被拖得疲惫不堪。11月下旬，苏军由守转攻，包围了德国第6集团军和第4坦克集团军的一部。为顺利地歼灭被围德军，苏联最高统帅部对部队进行重新布署，取消斯大林格勒方面军，并将其部队划归罗科索夫斯基指挥。罗科索夫斯基以德军防御的薄弱环节为突破口，集中大量的大炮，从两个方面分割德军，从1943年1月中旬开始，经过20天的激战，全歼被围德军30多万，俘虏了保卢斯元帅。

1944年5月30日，苏军最高统帅部大本营批准了代号"巴格拉季昂"的白俄罗斯战役计划。战役目的是：以巴格拉米扬的波罗的海沿岸第1方面军、切尔尼亚霍夫斯基的白俄罗斯第3方面军、扎哈罗夫的白俄罗斯第2方面军和罗科索夫斯基的白俄罗斯第1方面军，在维捷布斯

波罗的海风光

克、博古舍夫斯克、奥尔沙、莫吉廖夫和博布鲁伊斯克等方向同时发起进攻，分割德军战略防御正面，于维捷布斯克和博布鲁伊斯克地域歼敌，尔后向纵深挺进，在明斯克以东围歼敌第 4 集团军，为各方面军发展战役创造了最有利条件。

此役苏军投入兵力 240 万人，德军兵力为 120 万人。战役于 6 月 23 日打响。拥有最大兵力的罗科索夫斯基的白俄罗斯第 1 方面军于 24 日开始进攻，激战连续进行了 5 天，在 200 公里正面上突破德军防御，围歼德军博布鲁伊斯克集团，向纵深推进 110 公里。这一辉煌战绩受到最高统帅部的高度赞扬，罗科索夫斯基被授予苏联元帅的最高军衔。

维斯瓦河一景

苏军 4 个方面军的进攻取得全面胜利。7 月 5 日到 11 日，苏军在明斯克以东围歼了德第 4 集团军。

到 7 月 16 日，白俄罗斯第 1 方面军各集团军已前出至斯维洛奇河、普鲁扎内一线，12 天前进 150~170 公里。7 月 20 日，罗科索夫斯基前出到苏联边界西布格河，并强渡过河，进入波兰国境，迅速向维斯瓦河推进，24 日解放了卢布林，28 日解放了布列斯特，尔后在华沙方向上不断发动进攻。8 月初，罗科索夫斯基暂缓对华沙的进攻。

白俄罗斯战役于 8 月底结束，苏军歼敌 54 万人，给德"中央"集团军群以毁灭性打击，向西推进了 500~600 公里，解放了白俄罗斯全部领土，以及立陶宛部分领土和波兰东部。

苏军最高统帅部大本营为参加决定性战役的白俄罗斯第 2 方面军配备了大量的兵力和兵器。罗科索夫斯基辖 7 个合成集团军，1 个坦克集

莫斯科会战

团军，1个空军集团军，1个机械化军，1个骑兵军和数个炮兵师，总计88万余人，有1500架飞机，2195辆坦克和自行火炮，1万1千多门火炮和迫击炮。

苏联卫国战争期间组织指挥的重大战役主要包括：斯摩棱斯克交战、莫斯科会战、斯大林格勒会战、库尔斯会战、白俄罗斯战役、东普鲁士战役、东波美拉尼亚战役、柏林战役等，被誉为"常胜元帅"。

罗科索夫斯基元帅在卫国战争中的赫赫战绩不必多言，下面列举一些关于元帅在战场以外的事迹，我们可以看到，元帅在作为一个优秀的军人之前，首先是一个优秀的人。

一

在1933年苏军闻名世界的大清洗中，85个军级将领（中将）死了57人，罗科索夫斯基当时为骑兵军长，又由于是波兰出生，而且长期在远东服役，于是被加上了波兰间谍，日本帝国主义内奸以及可笑的以破坏骑兵训练等等罪名被投进监狱。曾经被假毙至少两次，要他交代同谋，他一概拒绝牵连任何人，而且在受到非人虐待时没有对生命失去信心。（而战后曾经罗科索夫斯基在疗养的时候碰到斯大林，斯大林问罗科索夫斯基在那里有没有挨打，罗科索夫斯基说挨打了，但他还补充道我在那里知道了什么是真正的布尔什维克）显然罗科索夫斯基也是真正的布尔什维克。由于罗科索夫斯基为人很好，铁木辛哥为他说了很多好话，而且他在监狱里一直不承认自己的"罪行"，也没有乱咬人，更加没有自杀，加上运气比较好，在死亡集中营里一直没有轮到他。由于苏芬战争苏军不顺利，于是斯大林决定放一些人出来，罗科索夫斯基就九死一生的活了下来，并且又穿上了军服。40年参加了苏联向比萨拉比亚的进军，然后担任了机械化第八军军长，少将军衔。不过，斯大林忘记了罗科索夫斯基在大清洗时候被判了死刑，罗科索夫斯基是作为死刑犯上了战场，一直到斯大林死了也没有撤销。

二

莫斯科会战第一阶段（1941年9月30日到10月10日），罗科索夫斯基本来是西方面军第16集团军司令，会战开始前夕，他突然接到方面军司令部的命令：将部队转隶给友邻的卢金中将，带集团军司令部到维亚兹马去接收新的部队。他在维亚兹马惊奇的发现，理论上应该出现在那里的几个师竟然全都不知道去了哪个异次元空间。而当地的警备司令告诉他维亚兹玛市区里只有少量民兵，他对于有关最高统帅部新派遣部队的事一无所知。于是罗科索夫斯基试图和方面军司令部联系，但他发现和上级的联系断掉了。由于这种情况并不罕见，罗科索夫斯基还没有感到危险，仅仅几个小时以后，斯摩棱斯克市市长冲进了他的房间，大叫着"德国人进城了"，罗科索夫斯基感到难以置信，问"谁报告的？可靠吗？""还用谁报告吗？我亲眼看到德国坦克就在大街上！"于是罗科索夫斯基立刻下令立刻离开市区，在撤离途中，罗科索夫斯基的汽车在大街上迎面遇上了一队德国坦克，还好他的司机反应很快，迅速把汽车拐进了旁边一条小路，就这样，罗科索夫斯基和他的司令部人员成了前沿部队唯一的幸存者。

莫斯科会战结束后，罗科索夫斯基于7月初被召集到莫斯科，在那里他被任命为布良斯克方面军司令，罗科索夫斯基向总参谋部推荐让他的参谋长马里宁将军接任他的第16集团军司令，他没想到马里宁将军在知道这个消息后，强烈要求不担任这个集团军司令的职务，宁愿继续当他的参谋长，事实上，罗科索夫斯基的参谋部中的人员如炮兵主任卡扎科夫，装甲兵主任奥罗夫等都一致要求继续追随他，即使在数十年后的回忆录中，罗科索夫斯基对此仍非常感动。（他的参谋部是1941年当他孤身来到斯摩棱斯克救火的时候，由10几个刚从伏龙芝军事学院毕业的年轻军官组建的，当时铁木辛哥坦率地承认已经无力给他的部队派参谋，必须要他自己想办法解决）罗科索夫斯基一直十分大胆地使用他的参谋人员，他十分鼓励部下主动性，他通常只确定他的参谋人员理解任务的含义，然后放手让他们自己去想出完成任务的方法，他的这种做法使得他的参谋部成了苏军中最杰出的单位，而他的参谋人员，则对他们的司令员忠心耿耿。

三

在1943年1月，苏军曾向被围的德军递交了一封劝降书，提出如果德军立即投降的话，苏军将保障他们的生命安全和人格尊严，并保证在战争结束后立即遣返他们。值得指出的是向德军提交这份劝降书并不是斯大林或者苏联最高统帅部的意思，完全是出自罗科索夫斯基本人的主张，在寒风呼啸的1943年1月1日，正在方面军司令部参加元旦庆祝会的罗科索夫斯基看着屋外漫天的风雪，忽然对他的参谋们说："包围圈中的那些德国人的日子一定不好过",停了一会儿,他又说"在古时候,在这种情况下,人们会给被围困的敌人一个机会让他们投降的",第二天,罗科索夫斯基下令起草了这封劝降书,并报请莫斯科批准。虽然这此劝降最后被德军拒绝,但这个行动本身很说明了罗科索夫斯基的人品,在每次战役结束后,罗科索夫斯基都会招待那些被俘的德军高级将领,他们会一起探讨在战役中双方的得失,在罗科索夫斯基身上看不出任何胜利者的骄横。

在几年以后,当苏军攻入东普鲁士以后,苏联官兵对德国平民进行了疯狂的报复,这时,也是罗科索夫斯基第一个开始整顿军纪,即便是他也无法完全抑制苏军的暴行,但比较起来,罗科索夫斯基的第二白俄罗斯方面军的军纪要比第三白俄罗斯方面军和第一波罗的海方面军要好得多。

四

在1944年5月的一次会议上,罗科索夫斯基告诉斯大林他准备同时在两个地段突破敌军的防御,斯大林听后表示应该集中兵力于一个地段,罗科索夫斯基这时并没有像绝大多数的苏军将领那样对斯大林言听计从,而是坚持说在两个地段同时实施打击更为可取。斯大林有些不耐烦,让他出去好好考虑一下再回来。

罗科索夫斯基到了隔壁房间,但无论如何也无法说服自己,他回到会议厅,告诉斯大林,"同时在两个地段实施打击更为可取,斯大林同志"。斯大林再次反驳说应该集中兵力实施一次打击,但罗科索夫斯基仍坚持己见。随后会场出现了长时间的静默，斯大林让他再出去考虑一下，不要过分固执。

　　这次莫洛托夫和马林科夫也随他一同出去，严肃地警告他顶撞斯大林的危险性。马林科夫严厉地命令道："同意斯大林的观点，其他什么也不要讲。"他们回到了会场，斯大林问罗科索夫斯基把问题想清楚了没有，罗科索夫斯基说他认为还是在两个地段同时实施打击更好些。斯大林问道："那么依你的观点，应以哪一次打击为主？"罗科索夫斯基回答说两次打击同样重要。会场再次出现静默。罗科索夫斯基知道，这通常是斯大林爆发狂怒的前兆。斯大林沉默了很久，最后说道："难道真是同时实施两次打击更好些吗？"他最终同意了罗科索夫斯基的计划。这是斯大林被别人说服少有的几次例外之一。

五

　　在白俄罗斯胜利结束后，罗科索夫斯基开始以他全部精力准备对德国的最后一击，从当时战场形势看，他的第一白俄罗斯方面军正处在直接面向柏林的位置，无疑他具有最好的机会取得"柏林的征服者"的荣誉。在9月~11月间，罗科索夫斯基为此做了大量的工作，但是他却注定无法取得攻克柏林的光荣。

　　11月12日，斯大林亲自给罗科索夫斯基元帅打了一个电话，一开始，罗科索夫斯基还以外斯大林是想询问一下他的进攻准备工作。但完全出乎他的意料，斯大林通知他最高统帅部已经决定将他调任为第二白俄罗斯方面军司令，同时由朱可夫接任他的第一白俄罗斯方面军司令的

职务。这个决定是如此突然，以致向来以沉稳着称的罗科索夫斯基也不

今日柏林风光

由脱口而出"为什么要在这个时候把我调到次要战场去？"斯大林回答第二白俄罗斯方面军的方向也非常重要，并列举了种种理由，但很明显这不过是脱词而已。实际上斯大林是想把征服柏林的荣誉保留给朱可夫元帅，因为朱可夫在苏军中有"胜利的象征"之称，由"莫斯科的保卫者"到"柏林的征服者"，可以说是让朱可夫的军事生涯有了一个完美的结局。除此以外，mars 前辈认为，斯大林非常有可能考虑到这样的因素，攻克柏林的光荣应该授予一个俄罗斯人，而罗科索夫斯基是半个波兰人。

对于罗科索夫斯基来说，这样的安排是非常不公平的。简直让人难以想象，在取得了那么辉煌的战功，在为对德国的最后一战做了那么多

的准备工作，几乎是在最后时刻，他竟被剥夺了指挥的权力！罗科索夫斯基的心情可想而知。但既然斯大林已经做出了决定，他又有什么办法呢！

在谈话即将结束时，斯大林表示不反对罗科索夫斯基把他的参谋班子带走，对于一个高级将领的调动来说，这是一个合情合理的要求，由于罗科索夫斯基对于第二白俄罗斯方面军司令部人员几乎一无所知，如果他带上跟随他以久的参谋班子，这会大大有助于他的指挥工作。但已经逐渐平静下来的罗科索夫斯基在略微思考了以后，回答"我将把我的参谋班子留给朱可夫，我将一个人去第二白俄罗斯方面军，我相信我能在那里找到合格的参谋人员"。

第二天，罗科索夫斯基静悄悄地离开了第一白俄罗斯方面军的司令部，那时朱可夫还没有抵达，这是罗科索夫斯基允许自己表达出的最大限度的不满了。

六

1942年，正在疗伤的罗科索夫斯基偶然结识了当时著名的电影演员瓦连京娜·谢罗娃。两人互相倾慕的消息传开，甚至连斯大林也有所耳闻，并开玩笑说要找到罗科索夫斯基的夫人，用飞机送往他的司令部和谢罗娃竞争，罗科索夫斯基对谢罗娃确实一往情深，战争结束后仍常到西蒙诺夫寓所前小立片刻，望一眼谢罗娃卧室的窗帷。

1944年获得苏联元帅军衔。1945年1月13日，苏军大本营以罗科索夫斯基的白俄罗斯第2方面军、切尔尼亚霍夫斯基大将的白俄罗斯第

3方面军、巴格拉米扬大将的波罗的海沿岸第1方面军和特里布茨海军上将的红旗波罗的海舰队，共167万人，发动了西进德国的东普鲁士战役。

东普鲁士战役

白俄罗斯第1方面军在战役开始后的第二天发起进攻，6天后攻入东普鲁士境内，占领许多防御支撑点，1月底与白俄罗斯第2方面军合力消灭了乌祖里地区的德军。苏军将东普鲁士德军分割成三个孤立集团，德军防线崩溃。

此时，位于进至奥得河的白俄罗斯第1方面军和在东普鲁士作战的白俄罗斯第2方面军之间的东波美拉尼亚地区，形成百余里的空隙。德军统帅部急调"维斯瓦"集团军群，企图歼灭白俄罗斯第1方面军，固守奥得河防线，扭转柏林方向上的不利形势。为了顺利进攻柏林，苏

军最高统帅部决定将最后消灭东普鲁士德军的任务交由白俄罗斯第3方

波美拉尼亚风光

面军完成,抽出白俄罗斯第2方面军主力歼灭"维新瓦"集团军群,占领东波美拉尼亚。

2月10日,罗科索夫斯基的中央和左翼部队从布罗姆贝格以北维新瓦河各登陆场向斯德丁方向发起进攻,在友邻白俄罗斯第1方面军部队的配合下,罗科索夫斯基于3月底占领了格丁尼亚和但泽。为了奖励罗科索夫斯基"对大规模战役进行优异指挥,在摧毁法西斯德军的斗争中获得的辉煌胜利",苏联最高苏维埃于3月31日授予他苏联最高军功章"胜利"勋章。

4月4日,罗科索夫斯基彻底击溃德军余部,解放了东波美拉尼

亚，消除了进攻柏林的苏军侧翼威胁，为攻占柏林创造了有利条件。4月16日，苏军发动攻占柏林的战役。朱可夫的白俄罗斯第1方面军和科涅夫的乌克兰第1方面军同时向柏林发起进攻。罗科索夫斯基受命向

苏联英雄"金星"奖

西方方面前进，包围德军坦克第3集团军主力，分割柏林地区德军集团。4月26日，白俄罗斯第2方面军部队占领了德国大城市斯德丁。此后罗科索夫斯基各部以每天平均25～30公里的速度推进，5月2日前出至波罗的海沿岸。5月3日，潘菲洛夫的近卫坦克兵与英国第2集团军的战士会师。

柏林战役于5月2日结束。8日，德军向苏军和盟军远征军投降，苏德战争和欧洲战争结束。

6月2日，苏联最高苏维埃主席团发布命令："为表彰苏联元帅康

走进科学的殿堂

斯坦丁·康斯坦丁诺维奇·罗科索夫斯基在东波美拉尼亚和梅克伦堡地域模范地完成最高统帅部赋予他的战斗任务,卓越地指挥了与德国侵略者进行的各次战役,以及在战役中获得的胜利,特授予他第二枚苏联英雄'金星'奖章,建立半身铜像,按在座台上,立于受奖者的故乡。"

6月24日,罗科索夫斯基元帅获得了他军人生涯的最高荣誉,斯大林命令他指挥了莫斯科红场上的反法西斯德国胜利的阅兵式。

十月革命勋章

战后,罗科索夫斯基元帅历任苏联波兰驻军司令,波兰部长会议副主席兼国防部长,苏联国防部副部长,总监察长等职。

1945年至1949年任北部军队集群总司令,1949年至1956年应波兰政府邀请并经苏联政府同意而出任波兰部长会议副主席兼国防部长。后来则担任过苏联国防部副部长、国防部副部长兼总监察长、国防部总总监组总监等职。

罗科索夫斯基一生共获2枚"金星"奖章,获7枚列宁勋章,1枚十月革命勋章,6枚红旗勋章,一级苏沃洛夫勋章和一级库图佐夫勋章各 1 枚，奖章及外国勋章、奖章多枚，1 枚苏联"胜利"最高军功勋章，1 件荣誉武器。另有著作《军人的天职》。

波兰风光

1968 年 8 月 3 日，罗科索夫斯基元帅在莫斯科逝世，葬于莫斯科红场克里姆林宫墙下，享年 72 岁。

走进科学的殿堂

罗特米斯特洛夫风范

帕维尔·阿列克谢耶维奇·罗特米斯特洛夫（1901.7.6—1982.4.16）苏联军事首长，装甲坦克兵主帅，苏联英雄，军事科学博士，教授。

罗特米斯特洛夫于1901年6月23日出生在原苏联加里宁州斯克沃罗沃。1919年参加苏军，同年加入苏联共产党。国内战争期间他只是一个列兵，1919年参加平息富农叛乱的战斗，1920年抗击波兰军队的入侵，1921年参与平息喀琅施喀得叛乱。后来进入全俄中央执行委员会联合军事学校学习，1924年毕业后开始在军队中担任排长、连长、炮兵连长、副营长。后被选送到伏龙芝军事学院学习，1931年毕业后到1937年他在苏军中的师和集团军司令部担任参谋，其间也担任过一段时间步兵团长职务。1938年1月起开始在工农共军机械化和摩托化学院任战术教研室教员，

罗特米斯特洛夫

如果后来没有战争，罗特米斯特洛夫很有可能一生都在教学工作中度过了。

1939年苏芬战争爆发，罗特米斯特洛夫被抽调到苏芬战场任坦克

惨烈的苏芬战争

营营长，在战争后期又担任苏军坦克第35旅参谋长。尽管取得了一些战果，但其指挥现代化装甲作战的才能仍然不为苏军高层领导重视。1940年12月，罗特米斯特洛夫出任苏军坦克第5师副师长。这期间苏军内部有关如何使用坦克作战有一定分歧，后来主张将坦克分为小部队分散在步兵集群中作战的军官们占了上风，在苏德战争爆发前的1941年5月，罗特米斯特洛夫成为一个无足轻重的机械化军参谋长。

苏德战争爆发时，罗特米斯特洛夫是隶属西方面军的机械化第3军参谋长，1941年9月奋力突围的他被任命为坦克第8旅旅长，受命率领

该旅在旧鲁萨地区的加里宁附近为夺取克林等城市进行顽强作战,这次反击出乎节节胜利的德军的意料,也又一次得以证实朱可夫一直强调的大集群装甲突击力量的威力。随后该旅参加了莫斯科大反攻,在1942年初的战斗中,罗特米斯特洛夫指挥的坦克第8旅一直作为突击尖刀发挥着先锋作用,战斗结束后,该旅由于赫赫战功,被苏军最高统帅部授予近卫坦克第3旅的番号。而罗特米斯特洛夫的才能也引起指挥员的注意,1942年4月,他被任命为苏军坦克第7军军长。

坦克第7军作为苏军的主要突击力量,在1942年不可避免地被朱可夫派到了战局最紧张的斯大林格勒方向,在1942年11月的苏军大反攻时,该军在罗特米斯特洛夫的指挥下一路南下,夺取了上奇尔斯基和科捷利尼科沃,击溃了匈牙利部队,完成可包围斯大林格勒德军第六集团军的任务。1943年1月,该军首先粉碎了德军拼凑起来救援第六集团军的曼施坦因集群,然后乘胜前进,一举解放了高加索门户——罗斯托夫。该军在这次战役中战功卓著,因而坦克第7军被苏联最高统帅部授予近卫坦克第3军的番号。

1943年2月,罗特米斯特洛夫升任苏军近卫坦克第五集团军司令员,该集团军所属部队在库尔斯克会战中战功卓著,尤其是

斯大林格勒保卫战

在歼灭普罗霍罗夫卡地区德军突击集团的战斗中起到了决定性作用,普罗霍罗夫卡的战斗是第二次世界大战中最大的坦克遭遇战。库尔斯克战役后,罗特米斯特洛夫指挥近卫坦克第5集团军在沃罗涅日方面军和草原方面军和乌克兰第2方面军的编成内参加一系列在乌克兰的战斗,解放了包括乌曼在内的许多苏联城镇。

1944年夏天,近卫坦克第5集团军奉命北上,加入白俄罗斯第3方面军编成,参加了白俄罗斯战役和解放明斯克的作战,该集团军又是一马当先,第一个进入明斯克。这是罗特米斯特洛夫在战争期间指挥的最后一次作战,在明斯克战役后,他被调任苏军装甲坦克和机械化兵副司令员。

二次大战结束后,罗特米斯特洛夫一直为没有率领部队进攻纳粹巢

二战战况

穴而耿耿于怀，为此苏军专门安排他出任了一段时间的苏军驻德军队集群装甲坦克和机械化兵司令，后来又被调到远东任装甲坦克和机械化兵司令。1948年，罗特米斯特洛夫又回到苏军总参谋部军事学院教研室，任教研室主任。在他执教期间，把自己多年的指挥装甲部队突击作战经验系统化、理论化，得到苏军指挥层的肯定。1953年，罗特米斯特洛夫边教学边在总参军事学院学习。1956年，55岁的罗特米斯特洛夫获得了军事科学博士学位，1958年又获取教授职称并担任苏军装甲兵学院院长。1962年成为苏军装甲坦克兵司令，1964年任苏联国防部部长助理，1965年5月7日被苏联最高苏维埃授予苏联英雄称号，1968年6月起出任苏联国防部总监组总监，撰有许多关于坦克部队战斗使用及其发展远景的著作。

二级亚历山大·苏沃洛夫勋章

罗特米斯特洛夫是苏军中少有的学者型军人，这一点使他在众多二战苏军将领中有些卓尔不群，也许就是因为这个，当其他将领接二连三地在战争中获得种种荣耀时，罗特米斯特洛夫却显得那么平淡，但是在他指挥下的部队创立的功勋是其他任何一支苏军装甲部队都无法相比的。那些指挥员们就更不用去和罗特米斯特洛夫比学识和才能了。罗特米斯特洛夫战后撰写了许多关于坦克部队战斗使用及其发展远景的著作，有些著作现在还在被苏军作为装甲兵的战术教材，较有名的著作有《普罗霍罗夫卡地区的坦克交战》、《时间与坦克》、《战争中的坦克》等。尽管他一生淡薄名利，但是他还是获得了5枚列宁勋章、1枚十月革命勋章、4枚红旗勋章、一级苏沃洛夫勋章、一级库图佐夫勋章、二级苏沃洛夫勋章、红星勋章和三级"在苏联武装力量中为祖国服务"勋章各1枚，奖章和外国奖章多枚。

1982年4月16日，罗特米斯特洛夫逝世，享年81岁。

苏联空军建设功臣

　　诺维科夫·亚历山大·亚历山德罗维奇（1900.1.19—1976.12.3），苏联军事家，空军主帅，两次获得"苏联英雄"称号，教授。

　　亚历山德罗维奇于1920年加入苏联共产党。1919年参加苏军。先

列宁格勒战役

后毕业于步兵训练班（1920）、高级步校（1922）和伏龙芝军事学院（1930）。参加过国内战争，同芬兰白匪打过仗，在外高加索作过战。后历任排长、连长和营长。伏龙芝军事学院毕业后在步兵军司令部工作。1933年调空军任航空兵旅参谋长，后任轻型轰炸机大队大队长。1938年任列宁格勒军区空军参谋长。1939—1940年参加了苏芬战争，任西北方面军空军参谋长。1940年任列宁格勒军区空军司令。

卫国战争初期，任北方面军（1941年8月改为列宁格勒方面军）空军司令。他具有良好的军事素养和很强的组织能力，善于领导方面军航空兵的战斗活动。所领导的方面军航空兵飞行员在列宁格勒作战中，表现出高超的技能和无比的勇敢精神。1942—1943年任苏联副国防人民委员，主管空军。1943年5月至战争结束任苏军空军司令。在斯大林格勒战役、库尔斯克战役和解放北高加索、乌克兰、白俄罗斯、波罗的海沿岸地区和波兰诸战役中，在强攻柯尼斯堡（加里宁格勒）作战及柏林战役和粉碎日本关东军作战中，作为最高统帅部大本营的代表，成功地协调了数个方面军的航空兵的战斗行动。在他的领导下，对斯大林格勒地区被合围之敌军集团实施了可靠而有效的空中封锁，1943

今日柯尼斯堡一景

年春在库班空中交战中又重创敌空军。在使用航空兵的理论和实践方面有许多创新,在组织和实现用更完善的飞机装备苏联空军方面,做出了巨大贡献,提出了建立同类型飞机的航空兵师(轰炸机师、强击机师和歼击机师)和组建空军集团军和航空兵军的主张,探索和改进了战斗中使用航空兵的新形式和新方法。

劳动红旗勋章

战后在空军任重要职务。1953年起任远程航空兵司令。1954—1955年同时任空军副总司令。1956年退役。苏联第二届最高苏维埃代表。获列宁勋章、红旗勋章和一级苏沃洛夫勋章各3枚,一级库图佐夫勋章、劳动红旗勋章和红星勋章各1枚,奖章及外国勋章多枚。

亚历山德罗维奇的著作有《在列宁格勒的天空》,莫斯科1970年版;《柯尼斯堡和柏林争夺战中的苏联空军》,载《1945年5月9日》一书,莫斯科1970年版。

军事天地

苏联军兵种主帅

苏联军兵种主帅是苏联武装力量的高级军官军衔。主帅军衔由苏联最高苏维埃主席团授予各兵种、专业兵和空军的元帅。它是苏联的元帅军衔中的第三个级别,低于苏联大元帅、苏联元帅和苏联海军元帅,高于军兵种元帅。其区分为空军主帅、炮兵主帅、装甲坦克兵主帅、工程兵主帅和通信兵主帅。在苏联,没有海军主帅衔的设置。1984年,苏联取消了装甲坦克兵主帅军衔。苏联是世界上设置主帅军衔的唯一国家,它解体后主帅军衔在世界上已不复存在。

1935年,苏联实行军衔制之初,只设有苏联元帅衔。后来在卫国战争中后期,随着炮兵军、坦克集团军、空军集团军等军兵种高级兵团组织的出现,苏军指挥层次相应增多,元帅军衔的设置也逐渐增多。1943年10月9日,苏联最高苏维埃主席团颁布命令,增设空军、炮兵、装甲坦克兵、工程兵和通信兵主帅,授予在领导和指挥军种、大战役军团或兵种(专业兵)方面功勋卓著者。凡获得主帅军衔者,都发给一份苏联最高苏维埃主席团证书和一枚特别的"元帅星"证章(主帅与空军元帅、兵种元帅和专业兵元帅佩带同样的"元帅星")。在苏联存在期间,共产生了空军主帅7人,炮兵主帅4人,装甲坦克兵主帅2

人，却没有一人获得过工程兵主帅和通信兵主帅的殊荣。

根据1941年6月29日统帅部大本营的命令，设立了空军司令员的职务（空军司令员由副国防人民委员兼任）。由于苏联空军在第二次世界大战中战斗能力的提高，其指挥系统不断改进。1946年又设立了空军总司令一职。该职务由苏联武装力量部（即后来的国防部）副部长兼任。空军主帅是苏联空军的最高军衔，比苏联元帅和苏联海军元帅的级别要低。因此，在苏联三军中，空军的地位要比陆、海军低一级。先后被授予空军主帅的分别有：

"元帅星"证章

苏联空军司令员（授衔时的职务，下同）亚历山大·亚历山德罗维奇·诺维科夫、远程航空兵司令亚历山大·叶夫根尼耶维奇·戈洛瓦诺夫、苏联国防部第一副部长兼空军总司令帕维尔·费奥多罗维奇·日加列夫、苏联国防部副部长兼空军总司令康斯坦丁·安德烈耶维奇·韦尔希宁、苏联国防部副部长兼空军总司令帕维尔·斯捷潘诺维奇·库塔霍夫、苏联民用航空部部长鲍里斯·巴甫洛维奇·布加耶夫和苏联国防部副部长兼国土防空军总司令亚历山大·伊万诺维奇·科尔杜诺夫。

先后被授予炮兵主帅的分别有：

苏联武装力量炮兵司令员尼古拉·尼古拉耶维奇·沃罗诺夫、苏联国防部副部长米特罗凡·伊万诺维奇·涅杰林、苏联陆军火箭兵和炮兵司令员谢尔盖·谢尔盖耶维奇·瓦连佐夫和苏联国防部副部长兼战略火箭军总司令弗拉基米尔·费奥多罗维奇·托卢勃科。

先后被授予装甲坦克兵主帅的分别有：

装甲兵军事学院院长帕维尔·阿列克谢耶维奇·罗特米斯特罗夫和苏军坦克兵主任阿马扎斯普·哈恰图罗维奇·巴巴贾尼扬。

在许多人眼里，元帅的头衔代表着光荣与辉煌，可是在

托卢勃科

苏联，由于"肃反扩大化"和与之相关的种种事件，不少主帅遭到了厄运与苦难。在荣膺主帅军衔的13位元帅中，没有一位主帅战死在疆场，却有不少主帅被折磨，被降职，被摘夺军衔，被开除党籍，被烧死，有的死在手术台上，有的人更是兼而有之。

空军主帅诺维科夫在战争年代是苏军的空军司令，也是战争年代的杰出统帅之一。他是授予空军主帅的第一人，他在使用航空兵的理论和实践方面有许多创新，对苏联空军的建设作出了巨大贡献。他在多次重大战役中，作为最高统帅部的代表，成功地协调了数个方面军的航空兵的战斗行动。就是这么一位为国家作出过如此卓越贡献的主帅却在战后

开始倒霉了。他在 1946 年被指控生产并验收了一批质量低劣的飞机，导致机毁人亡的重大事故，因而于 4 月 23 日被监禁，没完没了地被审问，使他陷于绝望和精神崩溃。他经受不了这种残酷的折磨，在严刑拷打之下，被迫承认了这一指控。5 月 11 日被最高法院军事审判庭判处 6 年徒刑，空军主帅军衔和各种奖励均被剥夺。1952 年 2 月 14 日，斯大林健在之时，他得以恢复自由。斯大林逝世后的 1953 年 5 月，最高法院军事审判庭取消了对他的判决，并因"缺少犯罪要素"而停止调查这一刑事案件。同年 6 月 12 日，苏共中央主席团通过了《关于审核沙胡林、诺维科夫、列宾等人一案侦查材料的结果》的决定，诺维科夫才被完全恢复党籍、名誉、元帅军衔和各种奖励。但他的锦绣前程就此断送，虽然他后来短暂地出任远程航空兵司令、空军副总司令，但监狱中的生活已彻底地摧垮了他的身体。而不得不于 1956 年退役。

1960 年 10 月 24 日，第一任战略火箭军总司令涅杰林为了在与美国的竞赛中领先，以报答赫鲁晓夫去年提拔自己为炮兵主帅的知遇之恩，在导弹准备发射中出现了一些故障的情况下，竟拒绝了拜科努尔发射现场总指挥延期发射的忠告。为了能尽早发射、争取时间，总工程师只得

诺维科夫

违规准许对各个不同系统同时并进地进行检查，而不是按规定的那样一项一项地来。按照规定，所有不直接参与发射准备工作的人员都应到地下水泥掩蔽部去，但涅杰林却坐在距就要发射的火箭不远处的凳子上现场督办，看着工作人员在发射塔高处忙个不停。发射场主任两次恳请涅杰林转移到安全地方去，他却置之不理。结果悲剧发生了，某部位上面的管子发生了断裂，一片耀眼的火光从推进器中冒出。三千摄氏度以上的火海吞噬了发射场，跟涅杰林一块坐在火箭旁边的几十名将

赫鲁晓夫

校级火箭专家、技术人员当场就被烧死了。离的稍远一些人也被烧得只剩下了人的轮廓，而在现场督阵的涅杰林烧得竟连点灰烬都没有留下，只找到半块被烧焦的元帅肩章和已经熔化了的办公用保险箱的钥匙。这些东西后来都被装进骨灰盒，荣幸地被安葬在红场上克里姆林宫的宫墙下。

　　苏联火箭兵和炮兵司令员谢尔盖·谢尔盖耶维奇·瓦连佐夫炮兵主帅在卫国战争中战功卓著，特别是在1943年库尔斯克会战中，首创炮兵反准备战术，大大削弱了纳粹德国军队的进攻力量。他早在战争期间就同赫鲁晓夫共过事，两人私交不错，赫鲁晓夫曾称赞

走进科学的殿堂

他是当国防部长的好材料。在赫鲁晓夫当政以后，他很器重瓦连佐夫，先后把他晋升为炮兵元帅和炮兵主帅。正当瓦连佐夫对自己的生活和事业感到非常满意的时候，1962年10月22日，军事情报机关上校奥列格·弗拉基米罗维奇·佩尼科夫斯基（1919—1963年）

卫国战争

的被捕却毁掉了他的功名。佩尼科夫斯基战争期间在瓦连佐夫的身边当副官，他曾冒着生命危险把瓦连佐夫从一辆坦克下救了出来。两人从此结下了非同一般的友谊。在佩尼科夫斯基战后日子不好过的时候，瓦连佐夫推荐他到情报总局去工作。后来，佩尼科夫斯基开始为美国的中央情报局和英国的情报机关军情六处效力。由于他出卖给美国的情报使赫鲁晓夫在古巴导弹事件中大丢脸面，赫鲁晓夫迁怒于瓦连佐夫，不再怜惜自己的宠臣。瓦连佐夫于1963年3月12日被苏联最高苏维埃主席团以"因丧失警惕性和不称职的表现"而没收了一切勋章和奖章，包括被军人视为最高战斗奖励的"苏联英雄"荣誉称号，还被取消中央候补委员和苏联最高苏维埃代表的资格，军衔也连降四级，从炮兵主帅降为少将，同时被勒令退役。此时，他的主帅军衔刚获得两年。从此以后，他的业绩和名字被人从历史上一笔勾销了。在所有书籍、百科全书以及发表的文件里，凡是提到他的地方都统统删掉。在偌大一部《苏联军事百科全书》里，很多对卫国战争功绩不大的人都充斥其间，但却只字不提曾对卫国战争作出过卓越贡献的瓦连佐夫，好像在历史上他根本就没有存在过。

瓦连佐夫

炮兵主帅沃罗诺夫在战争年代是苏联炮兵司令，也是战时的杰出统帅之一，曾多次作为最高统帅部大本营驻方面军的代表，直接参与了一系列重大战役的计划和组织实施，建立了不朽的功勋，以指挥了第二次世界大战的转折点——斯大林格勒保卫战的结束阶段而闻名。他为苏军

炮兵的发展和壮大做出了突出的贡献。卫国战争开始前两年,沃罗诺夫遇车祸,从那时起,肚子便周期性地剧烈疼痛,为此他不止一次住过院。医院采用了当时所有可行的检查方法,但一直未能查出病因,作出的诊断多半是肠梗阻。战争开始后,统帅苏联武装力量炮兵部队的沃罗诺夫根本顾不上自己的疾病,人们都尊称他为"战神"。可是疼痛不时地在折磨着他。元帅发明了自己的止痛法:把肚子向下贴在寒冷的土地上,过了一些时候疼痛就会减轻些。在前线,元帅的腹部又开始剧痛,任何药物、甚至"土办法"也未能使疼痛缓解。当时他请求斯大林允许他去住院,立即得到答复:应该打仗,而不是跑医院。这就迫使沃罗诺夫一直忍受着剧烈的疼痛,甚至在某种程度上隐瞒了自己的病情。几十年间疼痛一直折磨着他。1968年2月底,当他被紧急送进格拉诺夫斯基街医院急救外科时,病情极为严重,血如泉涌,胃出血不止,但尚未失去知觉。由于流血没有停止,保守疗法已无济于事,只剩下了一个出路——立即动手术。手术前再次试图能作出准确的诊断,但又未能成功。当医生将沃罗诺夫送上手术台时,他仍在继续流血。医生却不知道血是从哪里流出来的。一直到医生给他做了胸腔手术后才发现,他的胰腺已经没有了,医生对于他是怎样活下来并一直在工作感到不可思议。"当时只有借助验血才能查出胰腺病,可是对血液的化验往往不能显示出发病的原因。手术时医生才看到,粗大的血管承受了胰腺的全部重负,血管扩大了好几倍。其中的一条血管因经受不住重负而破裂了,血从这条血管里流了出来。医生开始为沃罗诺夫输血,送来了很多血,但是沃罗诺夫的机体已经不能承受任何东西,甚至血液,血也不能止住。医生束手无策,眼睁睁地看着沃罗诺夫死在了手术台上。那个时候不完善的诊断方法导致这位主帅悲惨的结局。

1987年5月29日，一名叫鲁斯特的西德青年业余飞行员驾驶单引擎小飞机从芬兰赫尔辛基出发，避开苏联的雷达，侵入苏联领空，在未被苏军防守系统探测到的情况下，在苏联国土内长驱七百公里，竟飞到了人们认为受到世界上最完备防空系统保护的莫斯

赫尔辛基一景

科，造成了轰动一时的外国飞机降落在红场的天下奇闻。5月30日，对此重大事件负有不可推卸责任的科尔杜诺夫空军主帅被解除职务。实际上，他的解职只是一个借口，由于科尔杜诺夫一直抵触戈尔巴乔夫的改革，不赞成其对美国人退让的政策，他与戈尔巴乔夫的关系一直很僵，戈尔巴乔夫早就想解除其职务，红场事件正是

走进科学的殿堂

天赐良机，戈尔巴乔夫还勒令他退役。实际上，他对苏联武装力量的发展是作出了杰出的贡献的。

按照苏联最高苏维埃主席团的规定，大将是合成军统帅，而合成军则是由陆军、海军、空军的部分兵种组成的，也就是说大将比单一的兵种或军种、专业兵种元帅地位要稍高，大将是有元帅的地位而无元帅名分的"元帅"。因此，苏军高级军事将领一般应由大将直接晋升为苏联元帅，而主帅则是由军兵种元帅直接晋升的，是不经过大将这一级的。在这13名主帅中只有托卢勃科的晋升有点特殊，他于1970年4月29日被晋升为大将，1983年11月又被提升为炮兵主帅，其余12人都是从军兵种元帅的军衔上晋升为主帅军衔的。

军事天地

阅兵仪式

"苏联英雄"是苏联的最高荣誉称号，授予对国家、社会作出杰出

168

贡献、建立英雄功勋的个人和集体。在战争年代，军人们更是将"苏联英雄"看作是最高的战斗奖赏。这13名主帅中有9人被授予"苏联英雄"称号，其中有2人两次被授予"苏联英雄"称号，他们是：诺维科夫和科尔杜诺夫。

有2名主帅是空战英雄：科尔杜诺夫在卫国战争期间，执行过358次战斗飞行，参加过96次空战，个人击落46架敌机；库塔霍夫主帅在卫国战争期间进行过367次战斗飞行，参加过79次空战，独自击落敌机14架，集体击落敌机28架。

有10名主帅是俄罗斯族人，其他3名出身于少数民族，他们是：巴巴贾尼扬、亚美尼亚族、布加耶夫，乌克兰人有7位主帅在格列奇科和奥加尔科夫两位苏联元帅主编的《苏联军事百科全书》上的人物条目中被冠以"军事家"的称谓。他们分别是：

韦尔希宁

沃罗诺夫、诺维科夫、日加列夫、韦尔希宁、涅杰林、库塔霍夫和托卢勃科。除瓦连佐夫和布加耶夫外，其他4人都被冠以"苏联军事首长"的称谓。

13名主帅授衔时的平均年龄为55.8岁。授衔时最年轻的是戈洛瓦诺夫，年仅40岁，最年长者为巴巴贾尼扬和托卢勃科，他们被授予主帅时，已年近七旬。不足50岁便获得此军衔的还有诺维科夫（44岁）

和沃罗诺夫（45岁）。从这里不难看出，战争期间授予的主帅都是很年轻的，而战后晋升的主帅都超过了50岁。

苏联元帅逝世后，大都要被隆重地安葬于莫斯科红场列宁墓后的克里姆林宫宫墙下。在苏联，这是对死者最高规格的礼遇。但在主帅中，却只有沃罗诺夫和涅杰林2人享此殊荣。

列宁墓

1991年12月25日，存在了69年的超级军事大国苏维埃社会主义共和国联盟解体，延续执行了48年的苏联军兵种主帅军衔条例亦被俄罗斯沿袭。1992年11月27日，即俄军组建不久，俄罗斯联邦最高苏维埃通过了《俄罗斯联邦兵役法》，新兵役法取消了军兵种主帅军衔。由于时间短暂，竟无一人获得俄罗斯主帅军衔。至此，主帅这一称谓随即成为了历史。

苏军军官编制及其战后安排

(1944 年 4 至 8 月)

"战争使苏联拥有了一支强大的军队，并造就了优秀的苏军指挥员群体。正是他们对夺取战争的胜利发挥了直接的作用。据统计，截止到 1944 年 5 月，苏军中共有将军 2952 人。战争结束后，随着军队的削减，许多军官的工作当然也将重新安排。而就在战争后期，有关军官战后安排的工作已经被提上了议事日程。"文件反映了苏军军官编制的基本情况和对他们战后安排的设想。

戈利科夫关于战后军官安排给莫洛托夫的报告

(1944 年 8 月 2 日)

苏联人民委员会副主席莫洛托夫同志：

国防人民委员部总干部部认为，在继续坚持不懈地执行战争所提出的任务的同时，必须现在就着手拟定战争结束后军官的使用计划。

现就对这一问题的看法提出报告如下：

我们目前拥有至今不曾拥有过的最为宝贵的军事干部，而同世界上任何军队的干部相比，他们也是最为优秀的。虽然我们拥有数量众多的军官，但尽管如此，在转向和平状态时，我们不能允许对军官进行大规模地、成批地复员，而必须绝对逐个地办理他们的复退手续，在安排计划时应把复员的期限延长为半年时间，以便尽可能多地遴选出在政治、业务、身体方面有价值的人员并把他们留在军队中。为了使军队精简后的机构最大限度地吸收军官，必须：

1. 通过改组为简编师的办法，保留最大数量的各兵种的兵团。例如，不是保留 100 个由 10000～12000 人编成的步兵师，而是保留 200～250 个由 4000～6000 人编成的师。不仅由将军充任师长、军长职务，而且由将军充任副师长、副军长和参谋长，以及军炮兵主任、军工程兵主任和军汽车装甲坦克兵主任的职务。

2. 将原先组织编制庞大的训练 1000～1500 名学员的军校，改建为训练 300～400 名学员的军校。

附注：旧军队的军事学校按编制均招收 300～400 名学员。

这样可以使现有的 100 所步兵军事学校至少保留一半，并且实际转而贯彻对未来军官进行训练和培养时的个人因材施教原则。

从优秀的军长和师长中任命中将和少将担任军事学校的校长。

3. 为了保留尽可能多的方面军和集团军的指挥机构，转而采用地域范围更小一些的军区划分。在它们的编制中裁减一切能裁减的机构（但不裁减作战、侦察、通信、炮兵、坦克等部门）。

4. 允许各兵种任命将军担任近卫团团长职务。

5. 建立为期至少一年的团、师、军、集团军和方面军的专门工作委员会并组成广泛的研究网络，其唯一的任务是：研究和记述各部队和兵团的战史，以及整个卫国战争年代所有最为重要和最有教益的战斗和战役。

通过这项措施，国家将获得篇幅异常浩繁和内容空前丰富的作战资料和战史资料，而军队则可以在过渡时期保留下数以千计的优秀的军官和将军，并让他们从事对他们的成长十分有益的工作。

6. 对地方高等和中等学校现有军事教研室主任和军事课程教员进行审查，任命业务最熟练、工作能力最强的将军和军官取代他们；从而加强预备役军官培养中很薄弱的一个环节。

目前，我们在641所地方高校有军事教研室。

在选用军官时，应特别注意在军队中保留尽可能多的年轻干部，要考虑他们在15～20年后仍然具有战斗力。

部队和兵团指挥员的职务，基本上要任命较年轻的军官担任。

对于年龄较大的军官，基本上应在军区和方面军司令部、中央机关、军事院校、地方高等学校、地方军事指挥机构、非军事性的人民委员部和主管部门的军事机关中使用他们。目前担任部队和兵团副指挥员职务的许多人，并不完全适合独立的作战工作，应当由另一种类型的指挥员予以取代，他们应当是年轻有为、精力充沛、有发展前途、具有独立工作的素质，具体说，在团里应从营长中选拔，在师里应从团长中选拔，以此类推。

在论述着眼今后几十年的需要而考虑年龄要求的军官选拔原则时，绝不是说可以简单化地按照"出生证"进行遴选。选拔必须严格地个别进行，并应考虑到干部选用的所有基本原则。但年龄要求应当作为决定性的条件之一。

在后勤部门和政工人员以及军法人员的将军中，有不少人根本没有接受过军事教育。

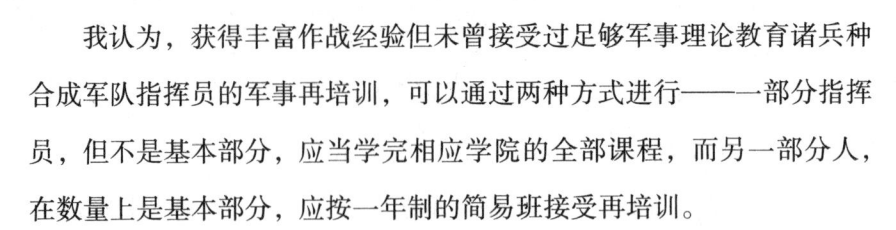

我认为，获得丰富作战经验但未曾接受过足够军事理论教育诸兵种合成军队指挥员的军事再培训，可以通过两种方式进行——一部分指挥员，但不是基本部分，应当学完相应学院的全部课程，而另一部分人，在数量上是基本部分，应按一年制的简易班接受再培训。

为了对后面一类人员进行再培训，应当：

（1）在红军高等军事学院为师长、军长、军事学校校长开设进修班；

（2）在伏龙芝军事学院为师参谋长、副师长开设进修班；

（3）开办高等步兵学校，对团长和营长进行再培训；

（4）在各军区开设步兵军官进修班，对连长进行培训。

再培训的基本任务是：

（1）就战术、战役和战略方面的问题研究、总结和分析卫国战争的经验；

（2）诸兵种合成兵团加强兵器的战斗运用和与炮兵、坦克、空军、工程兵部队的协同作战的组织；

（3）军队指挥和司令部工作；

（4）提高普通文化水平。

必须从有利于军队的观点出发，认真注意正确地使用数量仍然相当巨大的、精简后的军队无法接纳而必定要复员的那一批军官。

应当对这些军官的使用作出以下规定：

1. 在中央、边疆区、州、区的苏维埃机关设置苏维埃负责军事工作的副主席、人民委员部负责军事工作的副人民委员、总管理局负责军事工作的副局长的职务，其职责为组织人民委员部、边疆区、州、区的

军事训练和动员准备。

2. 在工业企业设置负责军事动员工作的副厂长,由他们负责动员准备、预备、登记、防空、工人的军事训练。

3. 在州、边疆区、区的党委会内设置负责军事工作的书记或副书记职务,其职责为具体领导州、边疆区和区的防务工作,并直接领导党委的军事部门。

4. 战争结束后在中学和中等技术学校开设"卫国战争史"课程,主要任命红军军官担任讲课教员。应允许这类教员穿着军服,有权成为军官俱乐部和红军之家的成员,以及享受子女进入军事学校学习的优惠待遇。

5. 拟定和颁发所有各主管部门、人民委员部、社会团体和工会组织中应由预备役或退役的将军和军官担任的职位名称表。

鉴于目前一些非军事性的人民委员部和主管部门已经千方百计试图为战前在地方工作的许多军官办理复员,必须保证军队有全权在进行一般复员工作时把一些在卫国战争年代进入军队但却比某些基干军官对军队更有价值的那些军官留下来。

在军队由战争状态转入和平状态时,必须使军队摆脱使其不堪重负以及在某种程度上妨碍军队干部成长的一切东西。

在我军的军官队伍中,至今还存在一定数量妨害军队的人们——有的虽然有良好的愿望,但缺乏工作能力(因患病、年老、跟不上形势);有的则因思想品质低劣,如经常酗酒、一贯不守纪律;有的则是由于政治上不坚定、存在疑点或敌对情绪。

军队完全可以没有这些人。

关于这一点我已呈报斯大林同志。

朱可夫给戈利科夫的答复

(1944 年 8 月 22 日)

在拟定战后红军干部使用和建设计划时,应当首先从我们在卫国战争初期获得的经验出发。获得的经验教给我们什么呢?

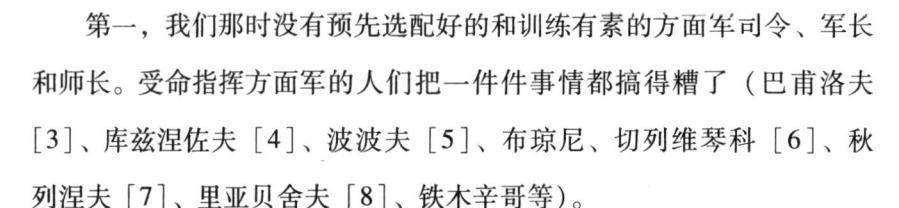

第一,我们那时没有预先选配好的和训练有素的方面军司令、军长和师长。受命指挥方面军的人们把一件件事情都搞得糟了(巴甫洛夫[3]、库兹涅佐夫[4]、波波夫[5]、布琼尼、切列维琴科[6]、秋列涅夫[7]、里亚贝舍夫[8]、铁木辛哥等)。

派去指挥集团军的一些人也是未经认真考察和素养不足。不出这样的情况也是不可能的,因为在和平时期并没有准备好要去指挥方面军、集团军和兵团的预备人选。对人员的了解很差。国防人民委员部在和平时期不仅没有准备好预备人选,而且也没训练司令们如何指挥方面军和集团军。

师长、旅长、团长的情况还要更糟。派到师、旅、团(特别是次要的师、旅、团)里去的,是不符合职务要求的人员。

简言之,我们每一个人都已经知道这些人进行指挥的后果,知道我们祖国把自己的命运交付到这样的司令员和指挥员手中经历了什么。

结论:如果我们不想重复过去的错误,而想在将来顺利地进行作战,那就要在和平时期就不惜工本训练好方面军司令、集团军司令和军长、师长。

花费的钱财会由战争的胜利来补偿。

看来在和平时期应当拥有 2~3 套师长和团长，以保证军队得以全面展开和进行 3~4 个月的作战。

每一个方面军司令员和集团军司令员都应配有事先选定的、训练有素的副司令员。

第二，我们那时毫无疑问未曾准备好预备役干部。

所有从预备役征召入伍的指挥员照例都不会指挥团、营、连、排。所有这些指挥员是在战争中学习战争的，为此不得不付出我们的人的鲜血作为代价。

第三，我们没有素养高的参谋人员，因而也就没有协调有效的司令部。

第四，在文化方面我们的军官不足以适应现代战争的要求。现代的战争，有 8/10 是用技术兵器同敌人的技术兵器作战，而这意味着必须成为一个有文化的人，才能善于迅速掌握自己的技术兵器和敌人的技术兵器，从而熟练有效地运用自己的技术兵器。

说实话，正是由于我们的干部缺乏文化素养，我们常常是损失了大量技术器材和有生力量，而未能取得应有的战果。

第五，和平时期对我军干部进行训练和教育的体系，并未能为我们后来进行作战提供符合要求并有威望的指挥员。

我们的院校和训练班对我军干部的训练是不正确的，具体是：

（1）理论教育显然影响了实际训练。战争经验表明，只有在野外训练工作中，而不是在书斋中成长起来的指挥员才是优秀的指挥员。

因此，将来应把指挥员训练的重点放在野外训练工作上，而且要求尽量接近实战条件。

（2）我军指挥员过去和现在都不熟悉技术兵器（飞机、火炮、坦克等）。将来应当务必把每一名指挥员（从营长以上）派到特种部队工作 6~10 个月，以便认真研究技术兵器的关键内容。

（3）我军指挥员的意志素质——首创精神、善于承担责任——明显未能很好发扬，而这一点对第一阶段战争的结局造成了十分严重的危害。因此，也应当认真地解决这一重要问题。

至于您关于要尽可能在和平时期把更多的指挥员留在军队的想法，我以为基本上是正确的，不过在这方面我只同意留下必需的和有能力的干部，而不是我们曾经有过的那些成事不足败事有余的干部。

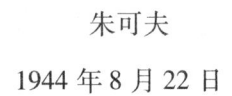

朱可夫

1944 年 8 月 22 日

[1] 根据戈利科夫的报告，1944 年 6 月 4 日苏联最高苏维埃主席团通过了《关于向在红军中服役了一定年限的超役将军、军官和军士授予勋章和奖章》的命令。

[2] 按 1944 年 5 月 15 日统计编制，不包括海军、内务人民委员部、国家安全人民委员部及其他人民委员部材料。

[3] 巴甫洛夫，德米特里·格里戈里耶维奇（1897—1941），1940 年起任白俄罗斯特别军区司令。卫国战争初期任西方面军司令。

[4] 库兹涅佐夫，费多尔·伊西多罗维奇（1890—1961），卫国战争初期曾任西北方面军和一些集团军司令。1942 年起任总参谋部军事

学院院长、沃尔霍夫方面军和卡累利阿方面军司令。

［5］波波夫，马尔基安·米哈伊洛维奇（1902—1969），曾任北方面军、列宁格勒等方面军司令。1944年起任列宁格勒方面军和波罗的海第2方面军参谋长。

［6］卫国战争期间曾任第9集团军司令、南方面军司令、克里米亚和北高加索方面军副司令、哈尔科夫特别军区司令等。1944年在最高统帅部大本营任职。

［7］卫国战争期间曾任南方面军司令、外高加索方面军司令等。

［8］卫国战争期间曾任第38集团军司令、第3近卫集团军司令等。

苏联卫国战争胜利大阅兵概况

1945年6月22日,即卫国战争爆发四周年的这一天,斯大林发布命令:"为庆祝伟大卫国战争的胜利,兹定于1945年6月24日在莫斯科红场举行作战部队、海军部队、莫斯科卫戍部队胜利阅兵式。参加胜利阅兵式的队伍,是各方面军混成团、国防委员会混成团、海军混成团、各军事院校及莫斯科卫戍部队混成团。在举行胜利阅兵式时,由我的助理、苏联元帅朱可夫负责检阅,苏联元帅罗科索夫斯基负责指挥。"

其实在该命令发布前,苏军总参谋部就制定了阅兵实施方案并向各方面军发出了相应的指示,其中混成团的规格和要求是:

1. 每个混成团由1000名士兵组成,另有旗手36名、10名候补人员。混成团指挥员共19人,包括团长1名、副团长2名、团参谋长1名、营长5名、连长10名。

2. 参加阅兵式的人员应从在战斗中表现最为突出并获得过战功奖章的官兵中选拔。

3. 各方面军司令和空军、装甲兵的全体集团军指挥员都必须参加阅兵式,阵容空前强大。

4. 混成团须携带36面在作战中表现最为出色的集团军一级的军旗以及所有在战场上缴获的敌人集团军一级的军旗来莫斯科。

5. 全团人员的礼服将在莫斯科授予。

作为苏联武装力量的最高统帅,斯大林并没有过多关心筹备中的胜利庆典的议事细节,并且提出让他的副手、卓越的军事统帅朱可夫元帅来担任阅兵首长及由罗科索夫斯基元帅担任阅兵总指挥。胜利阅兵式的准备工作由两位元帅负责并审查仪式。

据叶廖缅科元帅回忆说:"他们特别关心过混成团通过红场时所举的战旗。因为这 360 面旗帜中的每一面都代表着某个部队、兵团、每一面旗帜都被勇士们的鲜血染红、都走过了无比艰难的路程:从莫斯科和斯大林格勒城下;从高加索山麓和革命摇篮列宁格勒到布加勒斯特和布达佩斯、维也纳和贝尔格莱德、柏林和布拉格。"

6 月 24 日上午 8 时,各受阅部队在红场周围列队完毕。

克里姆林宫钟楼

9 点左右,苏联最高苏维埃会议的代表、各界代表人士及各国外交和军事使团官员登上列宁墓检阅台。

走进科学的殿堂

9月45,以国防委员会主席苏联大元帅斯大林为首的苏联政治成员、苏共中央政治局委员出现在列宁墓上,墓前专门的观礼台上站着苏联武装力量的将军们。

10时整,朱可夫元帅随着克里姆林宫钟楼的钟声出现在红场上,在"立正、阅兵式开始"口令发出后,自鸣钟敲响10下,军乐队演奏格林卡的名曲《光荣啊—俄罗斯人民》,朱可夫元帅骑白色战马通过斯帕斯基门进入红场,阅兵总指挥罗科索夫斯基元帅向朱可夫报告:"苏联元帅同志,现役部队、海军部队和莫斯科卫戍部队参加阅兵式的队伍已组建完毕,请检阅!"

10时零5分,朱可夫和罗科索夫斯基骑白色骏马检阅部队:

各混成团以嘹亮的"元帅同志,祝您健康!"回答朱可夫的问好。

朱可夫又向受阅部队表示祝贺,官兵们齐声高呼"乌拉!!!"

朱可夫在他著名的回忆录《回忆与思考》中如此提到当时的情景:"呈现在我面前的各部队的战旗,它们曾鼓舞部队彻底战胜了敌人;

是战士们经过战火磨练的英毅脸庞和流露出欢乐心情的眼睛;

是战士们穿着的新制的军服,勋章和奖章在军服上闪闪发光。

所有这一切都构成了扣人心弦的、令人无法忘怀的景象。"

10时15分,朱可夫发表简短的阅兵演说,高度赞扬苏军在伟大卫国战争中的历史性功绩。

"在这激烈残酷的会战中,我们需要英勇的战友—我国人民最优秀的儿女—牺牲了。

今天,在这盛大的欢庆日子里,我们谨向他们表示伟大而崇高的敬意。

光荣永远属于在保卫我们苏维埃祖国战斗中捐躯的英雄们!"

10 时 20 分,朱可夫演说结束后,军乐队奏《苏联国歌》,克里姆林宫城墙内放礼炮 50 响。全体军人举手致敬。

10 时 25 分,罗科索夫斯基元帅骑马通过检阅台,罗科索夫斯基命令:"分列式开始!"

队列前面飘扬着曾被英雄的苏联军人在攻克柏林后插上柏林国会大

柏林国会大厦

厦的胜利红旗,红旗后面是操正步行进的各方面军混成团(按战争末期它们战区的位置和作战行动顺序)。

首先进入红场的是苏联元帅基里尔·梅列茨科夫率领的卡列累利方面军混成团,这位农奴的儿子带领他的部队曾经在气候极其恶劣的极圈地区作战。欧洲事结束后，该元帅又受命指挥远东第一方面军。旗手中包括曾消灭过 200 名以上德军的机枪手奥金佐夫上士和苏联英雄舒梅伊科中校。

10 时 30 分进入红场的是苏联元帅列昂尼德·戈沃罗夫率领的列宁格勒方面军混成团。在英雄史诗般的列宁格勒保卫战中，这支部队表现了令人震惊的功勋。今天列宁城的保卫者们在列宁墓前接受人民的检阅。

10 时 35 分，伊万·巴格拉米扬率领波罗的海第一方面军混成团通过检阅台。巴格拉米扬大将曾经亲身经历过战争初期的短暂失利，他为苏联武器力量取得最终的胜利感到欣慰。在泽姆兰德半岛上，这支部队曾经令敌人谈之色变。

10 时 40 分，白俄罗斯第三方面军混成团进入红场，方面军司令亚历山大·华西列夫斯基走在队伍最前面，日后的苏联元帅科舍沃伊担任混成团团长。这支方面军本来由华西列夫斯基的学生

斯大林格勒战役

——切尔尼亚霍夫斯基率领,但是切尔尼亚霍夫斯基在柯尼斯堡战役中壮烈牺牲,华西列夫斯基接手了他的部队,化悲痛为力量,只用了3天时间就踏平了柯尼斯堡,为自己的爱徒报了仇。随后他又担任远东红军总司令。

10时45分,白俄罗斯第二方面军混成团通过检阅台,领队为方面军副司令库兹马·特鲁布尼科夫上将。这支部队的司令正是这场阅兵的指挥者——罗科索夫斯基元帅。从围歼斯大林格勒顽敌开始,罗科索夫斯基指挥的部队就开始成为红军杀伤力最强的部队。

10时55分,白俄罗斯第一方面军混成团出现在红场,这是一支将法西斯巢穴—柏林彻底捣毁的军队。方面军副司令瓦西里·索科洛夫斯基手握军刀走在最前面,随后是几名传奇式的集团军司令:波格丹诺夫大将、卡图科夫大将和崔可夫大将。这支部队打过许多攻坚战,并遭受重大牺牲,为自由而献身的战士与幸存下来的战士一样,都是久经考验的神奇勇士。

在白俄罗斯第一方面军的编制内还包括波兰军队特别纵队,在波军参谋长科尔奇茨的率领下通过红场。

叶廖缅科

11时整,伊万·科涅夫元帅

带领乌克兰第一方面军混成团随着自鸣钟声进入红场。手持乌克兰第一方面军军旗通过红场的是苏联王牌飞行员、三次苏联英雄波克雷什金。这支行动迅速、机动灵活的部队从右岸乌克兰一直打到柏林，解放了数千万被法西斯蹂躏的和平居民。方面军中以雷巴尔科等人为首指挥的苏联装甲坦克兵部队为苏联的坦克兵打出了威风。

11时零5分，乌克兰第四方面军在司令安德列·叶廖缅科大将率领下接受检阅。叶廖缅科曾经在多个战线战斗过，完成了党和人民交给自己的任务。在第十八集团军鲜红的军旗下，站着本集团军的政治部主任勃列日涅夫同志，这位英姿勃发的年轻人日后将成为苏共中央总书记，站在与帝国主义对抗的最前沿。

奥地利风光

11时10分，第9支受阅部队——乌克兰第二方面军混成团通过红场，最前面的是司令员罗季翁·马利诺夫斯基。这支部队曾经阻止了曼施坦因为斯大林格勒之解围的罪恶企图，确保了斯大林格勒围歼战的重大战果，以后部队一直在西南线最紧要的战线打击敌人。在布达佩斯攻坚战地狱般的环境下，这支方面军的战士们表现了完美的英雄主义，赢得了匈牙利人民的尊敬。

苏沃洛夫军事学院一景

11时15分，乌克兰第三方面军混成团在司令费奥多尔·托尔布欣元帅带领下通过检阅台，混成团团长是日后的苏联元帅比留佐夫。匈牙利、保加利亚、南斯拉夫、奥地利等国的人民衷心感谢这支部队帮他们摆脱了法西斯主义的桎梏，这支方面军的战士们有很多英雄都获得了这些国家一些城市的荣誉市民称。

11时20分，海军混成团，团长为塞瓦斯托波尔保卫战中的苏联英雄法捷耶夫海军少将。方队中包含了各大舰队和分舰队的代表。光荣的红海军战士履行了他们的军人天职。

11时30分，莫斯科军区司令阿尔捷米耶夫上将带领苏联国防委员会混成团进入红场。随后是各军事院校——伏龙芝军事学院、梁赞炮兵学院、苏沃洛夫军事学院。

11时40分，各技术兵器进入红场（火炮，火箭炮，装甲车，坦克，自行火炮），参加阅兵的有许多赫赫有名的精锐部队，如近卫第一坦克军第44近卫坦克旅等。

12时，阅兵式全部结束。

作为这场史诗般战争最为壮丽的尾声，此次阅兵可谓是世界战争史上经典之作。胜利阅兵式充分显示了苏联武装力量具有不可摧毁的威力和军人英雄精神，因为苏联武装力量依靠的是社会主义制度坚不可摧的力量，依靠的是苏联人民高度的爱国主义精神及其在苏联共产党领导和指导下所达到的政治思想上的统一。